Séneca (4 a.e.c-65) fue un filósofo, escritor, orador y político romano célebre por sus obras de carácter moral y como uno de los representantes más destacados de la escuela estoica. Hijo del orador Marco Anneo Séneca (conocido por la posteridad como Séneca el Viejo), fue cuestor, pretor, senador y cónsul sufecto durante los gobiernos de Tiberio, Calígula, Claudio y Nerón, además de tutor y consejero del emperador Nerón. Aunque intentó influir en Nerón para que gobernara con moderación, acabó retirándose de la vida pública cuando se hizo evidente que sus esfuerzos eran inútiles. En el año 65 se le acusó de participar en la conspiración de Pisón contra Nerón y se ordenó su muerte. A fin de burlar la orden imperial, Séneca decidió quitarse la vida él mismo. Se cortó las venas de los brazos y las piernas y se metió en una bañera, donde sin embargo no murió ahogado, sino por efecto de los vapores del baño, pues sufría asma.

SÉNECA

Sobre la felicidad

Traducción de
LORENZO RIBER

PENGUIN CLÁSICOS

Papel certificado por el Forest Stewardship Council®

Primera edición: junio de 2025

PENGUIN, el logo de Penguin y la imagen comercial asociada son marcas registradas
de Penguin Books Limited y se utilizan bajo licencia.

© 2025, Penguin Random House Grupo Editorial, S. A. U.
Travessera de Gràcia, 47-49. 08021 Barcelona
© Lorenzo Riber, por la traducción, revisada por PRHGE
Diseño de la colección: Penguin Random House

Printed in Spain – Impreso en España

ISBN: 978-84-9105-744-4
Depósito legal: B-6.384-2025

Compuesto en M. I. Maquetación, S. L.

Impreso en Black Print CPI Ibérica
Sant Andreu de la Barca (Barcelona)

PG 5 7 4 4 4

Sobre esta colección

En 1934, al regresar a Londres tras visitar a su amiga Agatha Christie, el joven editor Allen Lane hizo un alto en el quiosco de libros de la estación Exeter St Davids y notó que solo se vendían libros caros y de mala calidad. Comprendió que al público lector le haría falta justo lo contrario: buenos libros a un precio asequible. Al año siguiente fundó con sus dos hermanos Penguin Books, la empresa con la que creó el libro de bolsillo e inició una revolución editorial en todo el mundo.

El primer lote de libros de Penguin se lanzó en julio de 1935 y consistió en diez títulos. Los libros tenían un diseño distintivo y uniforme: cubiertas con dos bandas horizontales de color naranja y el logotipo de un pingüino impreso en el frontal. Esta uniformidad contribuyó a que fueran fácilmente reconocibles, mientras que la calidad de la selección demostraba el atractivo de la colección. En los diez meses siguientes al lanzamiento se vendieron más de un millón de ejemplares a seis peniques cada uno.

Los hitos siguieron sucediéndose. En su afán por acercar los libros al público, en 1937 Lane ideó la Penguincubator, una máquina expendedora que ofrecía una selección de libros de bolsillo en la estación de Charing Cross Road, Londres, para que nadie se quedara sin su libro al esperar el tren. Con mayor impacto aún, en 1946 la empresa lanzó la colección Penguin Classics, a fin de que los mejores libros jamás escritos estuviesen a disposición de todos. Su primer título, la *Odisea* en traducción de E. V. Rieu, se convirtió en un best seller.

En la actualidad, Penguin Clásicos, heredera de Penguin Books, sigue haciendo honor a los principios fundadores de Allen Lane. Y con ello bien presente esta serie de clásicos quiere rendir homenaje al diseño original que tanto contribuyó a crear un referente en el mundo de la lectura.

Nota sobre los textos

De los numerosos ensayos sobre filosofía estoica que escribió Séneca en forma de cartas y tratados, el presente volumen reúne algunos de los más influyentes en la tradición occidental. A un primer grupo pertenecen los redactados en la sexta década de nuestra era, cuando, tras la muerte de Claudio, Séneca ofició como uno de los principales gobernantes del Imperio romano. «Sobra la brevedad de la vida» y «Sobre la constancia del sabio» se fechan en el año 55; «Sobre la vida feliz», en el 58. A ese grupo le siguen tres cartas —«Sobre la felicidad», «Sobre el temor a la muerte» y «Sobre la filosofía»— que forman parte de las *Epístolas morales a Lucilio*, escritas entre los años 62 y 64, cuando Séneca debió marcharse al exilio para refugiarse de la tiranía de Nerón. Nuestra traducción retoma y actualiza la que ofreció el académico Lorenzo Riber en su edición de las *Obras completas* (Madrid, Aguilar, 1943).

Sobre la felicidad

Sobre la vida feliz

I

Todos los hombres, hermano Galión, quieren vivir felizmente, pero para entender qué es lo que hace que la vida sea feliz, andan a ciegas. Así, no es cosa fácil conseguir una vida feliz, pues, si equivocamos el camino, cuanto más afán ponemos en ir hacia ella, más nos alejamos, ya que, si ese camino va en sentido inverso, la propia velocidad es causa de mayor alejamiento. Así que lo primero que hay que determinar es qué deseamos, y luego buscar a nuestro alrededor el camino por el que podemos llegar con la mayor celeridad, y, mientras seguimos el camino, si es el correcto, entenderemos cuánto hemos avanzado cada día y cuánto más cerca estamos de aquello a que nos impulsa nuestro deseo natural. Mientras erremos de aquí para allá con la sola guía del estruendo y los clamores discordantes que nos llaman en diversas direcciones, malograremos nuestra corta vida entre errores por mucho que nos esforcemos día y noche por mejorar nuestra alma. Decidamos, pues, a dónde nos dirigimos y por dónde, no sin la dirección de algún experto que haya explorado los lugares por los que avanzamos, ya que la situación no es la misma que en los demás viajes: en estos, existe un sendero, y los naturales del país a los que preguntamos no permiten que nos perdamos, pero aquí, la senda más famosa y concurrida es la que más engaña. Por tanto, lo más importante es no seguir como ovejas el rebaño que nos precede, yendo no adonde hemos de ir, sino adonde va todo el mundo. No hay nada que nos lleve a peores males que acomodarnos a los rumores y creer que es mejor aquello que acepta el consenso general y de lo cual se nos ofrecen numerosos ejemplos, pues, de esa forma, nuestra vida no se rige por la razón, sino por la imitación. De ahí esa gran acumulación de personas que se precipitan unas sobre otras. Lo mismo que ocurre en una gran catástrofe humana, cuando la multitud, presa del pánico, se empuja y nadie cae sin provocar la caída de otro, y los primeros causan la muerte de los que los siguen, ocurre también a lo largo de la vida. Nadie se descarría solo, sino que es causa y autor del descarrío de otro; por tanto, es nocivo pegarse a los que van por delante, y, como todos prefieren creer antes que juzgar por sí mismos, nunca se juzga acerca de la vida, sino que se da crédito a los demás, y así el error transmitido de unos a otros nos hace vacilar y caer. Perecemos por seguir el ejemplo ajeno; nos curamos si nos separamos de la multitud. Mas ahora la gente se rebela contra la razón en defensa de su propio mal. Y lo mismo sucede en los comicios, en donde aquellos mismos que eligen a los pretores se asombran de que salgan elegidos cuando el veleidoso favor popular ha recorrido toda la asamblea. Aprobamos aquello mismo que reprendemos; tal es el resultado de todo juicio que se falla por el voto de la mayoría.

II

Al tratar sobre la vida feliz, no has de responderme, como es costumbre en las elecciones: «Este partido parece tener la mayoría», porque, cabalmente, por eso es la peor. Las cosas humanas no van tan bien como para que lo mejor contente a la mayoría. El voto de la turba es argumento de que se trata de lo peor. Busquemos, pues, no lo más común, sino aquello que es mejor hacer, y no lo que aprueba el vulgo, pésimo intérprete de la verdad, sino aquello que nos pone en posesión de la felicidad eterna. Entre el vulgo incluyo tanto a los que visten clámide como a los que llevan corona, pues no miro el color de los vestidos con que se cubren los cuerpos y no me fío de mis ojos para juzgar al hombre, sino que tengo una lumbre mejor y más certera para discernir lo verdadero de lo falso; el bien del alma debe hallarlo el alma. Si alguna vez al alma se le permite respirar y refugiarse en su interior, entonces, torturada por ella misma, confesará la verdad y dirá: «Todo lo que he hecho hasta ahora prefiriera no haberlo hecho; cuando recuerdo lo que he dicho tengo envidia de los mudos; todo lo que he deseado lo juzgo una maldición de mis enemigos; todo lo que temía, ¡oh, dioses!, cuánto mejor era que lo que deseaba... Me he enemistado con muchos, y del odio he regresado a la benevolencia (si benevolencia alguna puede haber entre los malos) y todavía no soy amigo de mí mismo. He puesto todo mi afán en separarme de la multitud y en distinguirme por alguna buena cualidad, y ¿qué otra cosa he hecho aparte de servir como blanco e indicarle a la malevolencia dónde podía morderme? ¿Ves a esos que encarecen la elocuencia, que van en pos de las riquezas, que adulan la popularidad, que ensalzan el poder? Todos ellos, o son enemigos, o, lo que es igual, pueden serlo. Tan grande como la turba de los admiradores es la turba de los envidiosos. ¿Por qué no mejor algo bueno que pueda sentir y no mostrar? Esas cosas tan admiradas, esas cosas ante las cuales la gente se detiene y que se muestran unos a otros con estupor, brillan por fuera pero por dentro son miserables».

III

Busquemos alguna cosa buena, no en apariencia, sino sólida y constante, y más honrosa por dentro que por fuera; desenterrémosla. No está lejos, podemos encontrarla, solo hace falta saber dónde alargar la mano, pero ahora, como quien anda a tientas en la oscuridad, pasamos junto a ella y tropezamos con aquello que deseamos. Mas, para no dar rodeos, prescindiré de las opiniones de los demás, pues sería demasiado largo enumerarlas y refutarlas; escucha mejor la nuestra. Y, cuando digo la nuestra, no me ligo a ninguno de los jefes de la escuela estoica; yo también tengo derecho a opinar. Así pues, seguiré la autoridad de alguno de ellos, pero a otros les pediré que discriminen lo que quieren decir. Quizá, cuando se me pida mi propia opinión, no desaprobaré ninguna de las suyas y diré: «Además, yo pienso esto». Mientras tanto, y en ello concuerdan todos los estoicos, yo sigo la naturaleza de las cosas. La sabiduría consiste en no desviarse de ella y conformarse con su ley y ejemplo. La vida feliz, por tanto, es aquella que conviene a su naturaleza, lo cual no se puede alcanzar sino teniendo el alma, en primer lugar, sana y en inalterable posesión de la salud y, en segundo lugar, enérgica y ardiente, capaz de soportarlo todo con admirable coraje, dispuesta a toda eventualidad, cuidadosa sin ansias de su cuerpo y de todo lo que toca a su cuerpo, solícita con las otras cosas pertinentes a la vida pero sin deslumbrarse por ninguna de ellas, preparada para usar los dones de la fortuna y no para servirla como una esclava. Comprenderás, aunque no lo haya mencionado, que el resultado de esto es una tranquilidad perpetua y una verdadera libertad, una vez hemos expulsado todas aquellas cosas que nos irritan o nos aterran, pues en lugar de los deleites, en lugar de los placeres pequeños, deleznables y dañinos por su impureza misma, sobreviene un gozo inmenso, inconmovible e igual, y además paz y concordia del espíritu, y grandeza unida a mansedumbre, pues toda ferocidad es hija de la debilidad.

IV

Además de esto, nuestro bien puede definirse de otras maneras, es decir, podemos expresar la misma sentencia con palabras diferentes. Así como un ejército puede esparcirse por una gran llanura o apretarse en un paso estrecho, y tan pronto se curva adelantando los flancos y arqueando la parte media como se extiende en línea recta y, cualquiera que sea su disposición, su fuerza es siempre igual y su voluntad de permanecer fiel a la misma bandera es firme; así sucede con la definición del sumo bien, que o puede ampliarse y desarrollarse o concentrarse y reducirse a un compendio. Lo mismo es si digo: «El sumo bien es el alma que desdeña lo fortuito y se contenta solo con la virtud», que si digo esto otro: «Es una invencible energía del alma que conoce las cosas, pacífica en la acción, llena de benevolencia y solicitud con los demás». Se puede también definir diciendo que «es feliz aquel hombre para quien no existe otro bien ni otro mal que un alma buena o mala, que se ha ejercitado en la práctica de lo honesto, que se contenta con la virtud, al que ni vuelven engreído ni quebrantan las variaciones de la fortuna, que no conoce mayor bien que el que puede darse a sí mismo y cuyo auténtico placer es menospreciar el placer». Y, si tienes humor para digresiones, podemos presentar lo mismo bajo aspectos diferentes sin alterar su significado. ¿Quién nos impide decir que la vida feliz consiste en un alma libre, recta, intrépida y constante, inaccesible al miedo y a la codicia, para la cual el único bien es la honestidad y el único mal es la infamia, y que contempla todo lo demás como una muchedumbre de viles pequeñeces que no pueden quitar ni añadir nada a su felicidad y que van y vienen y se mueven en todos los sentidos sin aumento ni mengua del sumo bien? Menester es que a la fuerza, quiera o no quiera, un hombre tan sólidamente cimentado vaya acompañado de un júbilo continuo y de una profunda alegría que mana de lo más profundo de su ser, puesto que se complace en sus cosas y ninguna desea mayor que las acostumbradas. ¿Y por qué todo esto no le ha de compensar de los movimientos pequeños y frívolos y no perseverantes de su cuerpo? El día en que estuviere sujeto al placer, estará también sujeto al dolor. ¿No ves, por otra parte, bajo qué mala y perniciosa servidumbre ha de vivir aquel a quien poseen en dominio alterno los placeres y los dolores, los cuales son los dueños más caprichosos e insolentes? Hay, pues, que salir hacia la libertad. Y esta ninguna otra cosa nos la proporciona sino el negligente desdén de la fortuna. Entonces brotará aquel bien inestimable, a saber, la tranquilidad del alma que se encuentra a salvo, y la elevación, y un gozo grande e inconmovible que resultará de la expulsión de toda suerte de terrores y del conocimiento de la verdad, y la afabilidad y expansión del espíritu, y con estas cosas se deleitará no como con cosas buenas, sino como con cosas emanadas de su propio bien.

V

Puesto que he comenzado a tratar este asunto con prolijidad, puedo añadir aún que el hombre feliz es aquel que, gracias a la razón, nada teme y nada desea. Sin embargo, por más que las piedras y los cuadrúpedos carezcan de temor y de tristeza, nadie dirá por eso que sean felices, porque no tienen conciencia de la felicidad. En el mismo caso pon a los hombres a quienes una estupidez natural y el desconocimiento de sí mismos redujeron al número de los cuadrúpedos y de las cosas inanimadas. Ninguna diferencia hay entre aquellos y estos, porque en estos la razón es nula y en aquellos es depravada y nociva e ingeniosa para toda perversidad, pues no puede llamarse feliz quien ha sido lanzado fuera de la órbita de la verdad. Por consiguiente, la vida feliz está fundada inmutablemente en el juicio recto y seguro. Entonces, en efecto, es pura el alma y está exenta de todo mal, y esquiva no solo las cuchilladas sino también los pellizcos, cuando permanece en el mismo sitio donde se fijó y está dispuesta en todo momento a conservar su asiento contra las iras y las enemistades de la fortuna. Por lo que se refiere al placer, aunque sin cesar se difunda y por todos los caminos se infiltre y mulla el alma con sus blanduras, y de unas haga salir las otras para solicitarnos con ellas a nosotros y a nuestros miembros, ¿qué moral hay, si es que guarda la huella más leve de dignidad humana, que quisiera de día y de noche sentir el acicate del deseo y, descuidada el alma, ocuparse del cuerpo?

VI

«Pero también el alma —dice— tendrá sus deleites». Que los tenga en buena hora y sea el árbitro de la lujuria y de todos los placeres; que se llene de todas aquellas cosas que suelen encantar los sentidos; que vuelva luego sus ojos a lo pasado y, recordando los placeres inmediatos, se regocije con los antiguos placeres y se prepare a gozar de los próximos y ponga orden en sus esperanzas, y, mientras yace el cuerpo en la blanda grosura presente, que se anticipe a enviar su pensamiento a las cosas futuras. Esto me parecerá miseria mayor, porque escoger los males en lugar de los bienes es una locura. Sin salud moral nadie puede ser feliz, ni demuestra tener inteligencia aquel que apetece como mejores las cosas que le hacen daño. Feliz es, pues, el hombre de juicio recto; feliz es el que con sus cosas se contenta y es de sus cosas amigo, cualesquiera que sean; feliz es aquel a quien la razón hace que acepte cualquier estado de sus asuntos.

Aun aquellos mismos que sostuvieron que el supremo bien reside en estas cosas reconocen en qué torpe lugar lo colocaron. Por eso niegan que el placer pueda separarse de la virtud y dicen que nadie puede vivir honestamente si no vive gustosamente, y que no puede ser gustosa una vida que al mismo tiempo no sea honesta. No veo cómo cosas tan diversas puedan unirse en un mismo grupo. ¿Por qué razón, os ruego que me digáis, el placer no puede separarse de la virtud? ¿Acaso, puesto que todo principio del bien procede de la virtud, también de sus mismas raíces vienen estas cosas que amáis y que buscáis? Si virtud y placer fuesen indistintos, entonces no veríamos algunas cosas deleitables pero no honestas y otras, en cambio, honestísimas pero desabridas y que solo se consiguen por medio del dolor. Añade aún que el placer conduce también a la vida más vil, pero la virtud no admite una mala vida; que determinados hombres son infelices no porque no tengan placeres, sino precisamente por culpa de los placeres mismos, lo cual no acontecería si el placer anduviera mezclado con la virtud, de la cual aquel cuán hartas veces carece, mientras que esta nunca tiene necesidad de él. ¿Por qué juntáis cosas desemejantes y aun opuestas? Alta cosa es la virtud, excelsa y soberana, invicta e infatigable; el placer, en cambio, es abyecto, servil, frívolo y caduco, y tiene su morada en tabernas y prostíbulos. A la virtud la encontraréis en el templo, en el foro, en el Senado; la veréis enhiesta sobre las murallas, cubierta de polvo, tostada de andar al sol, con las manos ásperas y callosas. Al placer lo veréis con harta frecuencia acechando en los escondrijos; en la vecindad de los baños, de los sudatorios, de los parajes donde se teme la presencia del edil; lo veréis muelle, desmedrado, macerado en vino y en adobos, pálido y lleno de afeites y embalsamado en drogas. El sumo bien es inmortal, no puede dejar de ser, no conoce la hartura ni el arrepentimiento; porque un espíritu recto no se desvía de su rectitud, ni tiene odio de sí mismo, ni introduce cambio en la determinación tomada. Mas el placer, cuando mayor gusto da, luego muere; no tiene mucho espacio, y por eso lo llena enseguida y engendra tedio y al primer ímpetu se marchita. Además de esto, nunca es cosa segura aquella cuya naturaleza es móvil, y por eso no puede tener ninguna realidad aquello que viene y pasa aceleradísimamente y tiene su término en su mismo uso, porque tiende hacia aquello mismo que es su fin y desde su comienzo ya mira a su acabamiento.

VIII

¿Y qué decir de la idea de que tanto los buenos como los malos tienen sus placeres, y que no deleitan menos a los malvados sus deshonestidades que a los honestos sus hermosas obras? Por eso los antiguos establecieron como precepto seguir la vida mejor y no la más deleitable, para que el placer no sea el guía, sino el compañero de la voluntad buena y recta. Hay que seguir, no obstante, el liderazgo de la naturaleza; que nuestra razón la observe y se deje aconsejar por ella. Así que lo mismo es vivir felizmente que vivir según la naturaleza, y voy a declarar en qué consiste esto: conservar con diligencia y con impavidez las facultades corporales y las aptitudes de la naturaleza, como bienes fugaces que se nos dieron a plazo fijo; no someterse a su servidumbre ni al dominio de las cosas extrañas; hacer de las cosas gratas al cuerpo y perecederas el mismo uso que se hace en los campamentos de los auxilios y de las tropas ligeras, las cuales han de servir y no mandar. Solo así serán útiles al alma. Un hombre debe ser incorruptible por las cosas externas e inexpugnable, atento exclusivamente a sí mismo; animado por la confianza y preparado para las veleidades de la fortuna; artesano de su propia vida; su confianza no debe estar exenta de ciencia y su ciencia no debe estar desprovista de constancia. Debe persistir en la entereza de sus resoluciones y no debe haber en sus decisiones enmienda alguna. Ya se colige, aunque no lo haya dicho, que este hombre será ordenado y compuesto en su persona, y en sus actos será magnánimo con cortesía. Debe la sana razón caminar por el camino iniciado por los sentidos, y, tomando de allí los principios, pues no tiene otro punto de apoyo para sus esfuerzos y para su ímpetu por llegar a la verdad, debe volver a sí misma. También el mundo que todo lo abarca y el mismo Dios, gobernador del universo, se vierte hacia lo exterior, pero, de dondequiera que esté, regresa a sí mismo. Esto mismo debe hacer nuestra alma: después de que, siguiendo sus sentidos, se haya por ellos derramado hacia los objetos externos, debe ser dueña y señora de ellos y de sí misma. De esta manera se formará una fuerza y una potestad única y concordante consigo misma, y nacerá aquella razón cierta que no conoce discrepancias ni dudas en opiniones, doctrinas o creencias. Después de haberse ajustado y acordado con sus partes y haberse, por decirlo así, puesto en armonía con ellas, esta razón habrá alcanzado el bien sumo. Nada le queda de tortuoso, nada de resbaladizo en que pueda chocar o deslizarse; todo lo hará por su propio mandato, no le sobrevendrá ya nada inesperado, sino que todo lo que haga le redundará en bien, fácil y prontamente, sin vacilación por su parte, pues la pereza y la hesitación denuncian inconstancia y pugna. Por eso puedes declarar con tranquila osadía que el sumo bien es la concordia del alma; porque allí donde están las virtudes hay consenso y unidad, mientras que los vicios están en desacuerdo consigo mismos.

IX

«Pero tú también —dice— solo cultivas la virtud porque esperas de ella algún deleite». Primeramente, la virtud no es deseada solo porque proporcione algún placer, pues el placer es una de las cosas y no la única que ella procura y no se esfuerza por eso, sino que su esfuerzo, aunque esté dirigido a otro objeto, consigue todo esto. Así como, en un campo de cultivo labrado para plantar cereal, a trechos nacen algunas flores, aunque no fue para esas lindas hierbecillas por las que se tomó tanto trabajo, así también el placer no es el galardón ni la causa de la virtud, sino una cosa accesoria, pues no place la virtud porque deleita, sino que, si place, también deleita. El sumo bien reside en el propio juicio y en la disposición del alma buena, la cual, tras cumplir con lo que le corresponde y quedar ceñida por sus propios límites, alcanza el bien sumo y ya no desea nada más, pues nada hay fuera del todo, como no hay nada más allá de los límites. Yerras, pues, cuando me preguntas qué es aquello por lo que busco la virtud, puesto que preguntas por algo que está por encima del sumo bien. Me preguntas qué es lo que pido de la virtud. La misma virtud. Ninguna otra cosa tiene mejor; ella es el premio de sí misma. ¿Que este premio es poco grande? Si yo te digo que el sumo bien es la firmeza del alma, su providencia, su sublimidad, su salud, su libertad, su concordia y su decoro, ¿exigirás aún algo más a aquello a lo que se refieren estas cosas? ¿Por qué me nombras el placer? Busco el bien del hombre, no el del vientre; más grande que él lo tienen las bestias y las fieras.

X

«Desfiguras —dice— lo que yo digo; puesto que yo también afirmo que nadie puede vivir a placer a no ser que viva al mismo tiempo honestamente, cosa que no puede sucederles a los seres irracionales ni a los hombres que miden su bien por la comida. Clara y públicamente —dice—, confieso que esta vida que yo llamo placentera no puede darse sin la compañía de la virtud». Pero ¿quién ignora que algunos hombres estultísimos están ahítos de vuestros placeres, que la maldad tiene muchas clases de placeres y que el alma misma sugiere abyectos y numerosos géneros de deleite? En primer lugar, sugiere la insolencia, la estima excesiva de sí mismo, el engreimiento de la altivez y del sobresalir por encima de los otros, el amor ciego y arbitrario de las cosas propias, las delicias de la vida muelle, los jubilosos transportes por pequeñeces y niñerías; luego la mordacidad, la soberbia que se goza con los ultrajes, la desidia y el relajamiento de un alma indolente que se duerme a sí misma. Todas estas cosas las sopesa la virtud y les tira de la oreja, aprecia en su justa medida los placeres antes de admitirlos y no tiene en gran estima aquellos que acaso probó; pues cautamente los admite y se contenta no con su uso sino con su propia templanza. Mas la templanza, puesto que disminuye los placeres, es una injuria al bien sumo. Tú te abrazas al placer, yo lo modero; tú lo gozas, yo lo uso; tú crees que es el sumo bien, yo creo que no es un bien; tú lo haces todo por causa del placer, yo nada.

XI

Cuando digo que no hago nada por causa del placer, hablo de aquel sabio a quien solo concedes el placer. Pero yo no llamo sabio al hombre por encima del cual hay algo, y menos aún el placer. Señoreado por él, ¿cómo resistirá el trabajo y el peligro, la pobreza y tantos otros males que zumban en torno a la vida humana? ¿Cómo afrontará la perspectiva de la muerte, los dolores, el sonido fragoroso del mundo y de la gran hueste de enemigos acérrimos, él, que ha sido vencido por un adversario tan indolente? «Todo lo que le aconseje el placer, lo hará». Está bien, pero ¿no ves cuántas cosas le aconsejará? «Nada —dice— podrá aconsejarle vilmente, porque el placer está asociado a la virtud». ¿No ves qué bien sumo es aquel que, para ser simplemente bien, es necesario vigilarlo? ¿Ni cómo la virtud podrá gobernar el placer en cuyo seguimiento va, puesto que el andar detrás es propio del que obedece, no del que manda? ¿Colocas detrás al que manda? ¡Egregio oficio señaláis para la virtud: el de degustadora de placeres! Pero ya veremos si la virtud, a la que tratáis con tanto ultraje, es virtud todavía, pues no puede conservar su nombre si cede su lugar; mientras tanto, y de eso se trata, yo te mostraré a muchos hombres engolfados y ahogados en placeres sobre los cuales la fortuna volcó todos sus bienes y que forzosamente has de reconocer que son malos. Mira a Nomentano y Apicio, que aderezan todas las viandas o, como ellos dicen, todos los bienes de los mares y de las tierras, que saborean en la mesa los animales de todos los países. Míralos cómo contemplan sus monumentos culinarios desde un reclinatorio de rosas, halagando sus oídos con el son concertado de las voces, sus ojos con los espectáculos, su paladar con los sabores. Con molicies y blanduras regalan y estimulan todo su cuerpo y, para que su olfato no sea el único sentido ocioso, con olores varios saturan el dormitorio mismo donde se cultiva la lujuria. Dirás que estos hombres se encuentran en medio de los placeres, y, sin embargo, no les va bien, puesto que no es un bien aquello de lo que gozan.

XII

«Les irá mal —dice— porque les surgen muchos accidentes que perturban su espíritu, y la colisión de opiniones contrarias pone inquietud en su mente». Reconozco que es así, pero, no obstante, estos mismos insensatos, aunque versátiles y puestos bajo el martillo del remordimiento, experimentarán intensos deleites, por tanto tendrás que confesar que se encuentran tan lejos de toda molestia como de toda cordura y, cosa que les ocurre a muchos, enloquecen de jovial demencia, y su frenesí estalla en carcajadas. En cambio, los goces del sabio son moderados, modestos y casi mustios, tan recatados que apenas asoman, porque ni se los invita a venir ni, cuando vienen por sí mismos, reciben ningún honor ni se los acoge con ningún gozo, pues el sabio los mezcla y los interpola en la vida como en la seriedad se intercalan los juegos y las bromas.

XIII

Por tanto, que cesen de unir cosas incompatibles y de complicar el placer con la virtud, con cuya confusión adulan los vicios de los hombres más perversos. Ese hombre disuelto en los placeres, siempre ebrio y eructando, como sabe que vive en el placer, cree vivir también en la virtud, pues oye decir que placer y virtud son inseparables, y pronto a sus vicios les da nombre de sabiduría y hace profesión de aquello mismo que debiera ocultar. Se entregan al goce licencioso no impelidos por Epicuro, sino que, al contrario, tras entregarse al vicio esconden su lujuria en el regazo de la filosofía y concurren a la cátedra donde escuchan el panegírico del placer. Ni siquiera valoran cuán sobria y austera es —al menos yo así lo siento, en buena fe— la voluptuosidad preconizada por Epicuro, sino que volando acuden solo al nombre buscando para sus sensualidades una autorización y un velo. Así que pierden aquel único bien que en medio de sus males les quedaba: la vergüenza de pecar; pues alaban aquello mismo de lo que se sonrojaban, y se ufanan de su vicio. Por este motivo si siquiera a la misma juventud le es posible rehabilitarse desde el momento en que un epígrafe honesto ha rotulado su vil abandono. Por eso resulta perniciosa aquella alabanza del placer, porque los preceptos de honestidad quedan latentes, y los de la corrupción quedan al descubierto.

Yo desde luego tengo la convicción —y lo diré a despecho de nuestros compañeros de escuela— de que Epicuro daba preceptos rectos y honestos y, si se miran de cerca, austeros, pues aquel placer suyo se reduce a algo muy pequeño y adelgazado, y la ley que le señala al deleite es la misma que nosotros asignamos a la virtud, a saber: su obediencia a la naturaleza. Pero para la lujuria es poco aquello que para la naturaleza es suficiente. ¿Qué ocurre pues? Que todo aquel que da el nombre de felicidad al ocio perezoso y a los placeres alternos de la gula y de la lujuria busca un buen defensor para una mala causa y, al penetrar en la morada a la cual lo atrajo un rótulo seductor, practica no el placer que oye predicar, sino el que trajo consigo, y en cuanto comienza a creer que sus placeres se ajustan a los preceptos, se entrega a ellos no con timidez ni con recato, sino con el rostro descarado. No diré yo, pues, como la mayor parte de los nuestros, que la secta de Epicuro sea maestra de vicios, sino esto otro: que tiene mala reputación, que es difamada sin merecerlo. ¿Y quién puede saber esto sino el que ha sido admitido dentro? Su mismo frontispicio da lugar a la fábula e irrita las esperanzas pecaminosas. Viene a ser como un guerrero con vestido de mujer. Guardas el pudor con firmeza, tu virilidad está a salvo, tu cuerpo no sufre ningún vil ultraje, pero en la mano tienes un tamboril. Escoged, pues, un título honesto y una inscripción elevadora del espíritu: la que ostenta es una llamada a los vicios. Todo aquel que se allegó a la virtud da pruebas de ánimo generoso; el que va en pos del placer se muestra enervado, quebrantado, falto de dignidad viril y próximo a la vileza, a menos que alguien ponga distinción en los placeres para que sepa cuáles quedan contenidos en la esfera del deseo natural y cuáles se arrojan por un precipicio, desconocedores de todo límite y norma y tanto más insaciables cuanto más se los ceba.

XIV

Pero que marche a la vanguardia la virtud, y todo paso será seguro. El placer excesivo perjudica, pero en la virtud no hay que recelar un exceso, pues la moderación está contenida en ella misma. No es bueno aquello que sufre por su propia grandeza. ¿Qué guía mejor que la razón podemos dar a los que cupo en suerte una naturaleza racional? Si te contenta esta combinación, si te place ir con esta compañía a la vida feliz, que vaya delante la virtud, acompáñela el placer y, a modo de sombra, ande alrededor del cuerpo; pero considerar la virtud, que es la cosa más excelsa, una sirvienta del placer es propio de un alma incapaz de toda concepción grande y alta. Que vaya delante la virtud; que lleve ella el estandarte; de todas maneras, deleites no nos faltarán, pero seremos señores y moderadores; algo conseguirán de nosotros con ruegos, pero nada a la fuerza. En cambio, aquellos que dieron al placer la primacía carecerán de ambas cosas, pues pierden la virtud, y, por lo que toca al placer, no lo poseerán ellos sino que serán poseídos, pues o su carencia los torturará o su hartura los ahogará; miserables serán si él los abandona, más miserables si los abruma, semejantes a aquellos marineros sorprendidos en el mar de las Sirtes, que tan pronto embarrancan en seco como zozobran en la violencia de la corriente marina. Acontece esto por una excesiva intemperancia y por el ciego amor al deleite, pues es peligroso conseguir su objetivo para alguien que persigue un mal tomándolo por un bien. De la misma manera que con fatiga y con peligro cazamos las fieras y, una vez cazadas, da ansiedad su posesión, pues hartas veces despedazan a sus dueños, asimismo los que tienen grandes placeres desembocan en grandes males y convierten a sus dueños en prisioneros. Cuanto más grandes son y más numerosos, más pequeño y más esclavo de más señores es aquel mortal a quien el vulgo llama feliz. Me gustaría detenerme un poco más en esta comparación. A guisa de aquel que va en busca de las madrigueras de las fieras y toma gran gusto en cazarlas con lazos y rodear las anchas selvas con jaurías, y, por seguir sus huellas, abandona las cosas más valiosas y quebranta muchos deberes; así el que va a zaga del placer lo pospone todo y lo que primero descuida es la libertad, sacrificándola a su vientre, y no compra placeres para sí sino que se vende él a los placeres.

XV

«¿Qué impide —dice— que la virtud y el placer se unan y se forme así un bien superior, de manera que lo honesto y lo deleitable sean la misma cosa?». Lo que estorba esta fusión es que lo honesto no puede tener parte ninguna que no sea honesta, y el sumo bien perdería su pureza si viera en sí algo desemejante de lo mejor. Y ni siquiera aquel gozo que nace de la virtud, por más que sea bueno, es parte del bien absoluto, igual que la alegría y la tranquilidad, aunque tengan su origen en las más bellas causas. Buenas son estas cosas, pero como consecuencias del sumo bien, no como su consumación. Mas aquel que junta la virtud con el placer aun sin derecho de igualdad, por la fragilidad de uno de los dos bienes debilita el vigor que hay en el otro, y pone bajo el yugo aquella libertad que es invencible si se reconoce como la cosa de mayor precio que hay. Porque, y esa es la máxima servidumbre, comienza a serle necesaria la fortuna, y de esto se sigue la vida ansiosa, suspicaz, alarmada, temerosa del azar, colgada y dependiente de las circunstancias. No es dar a la virtud un fundamento firme, inmóvil, sino ordenarle que se establezca en terreno movedizo. ¿Qué cosa hay más movediza que la espera de lo fortuito y la mutabilidad del cuerpo y de las cosas que afectan al cuerpo?

¿Cómo puede este hombre obedecer a Dios y aceptar de buen grado todas las contingencias, y, benigno intérprete de todo cuanto acaece, no quejarse nunca del destino si le acucian los finos aguijones de los dolores y de los placeres? Pero, si se inclina hacia los placeres, ni aun de su patria podrá ser defensor, ni vindicador ni propugnador de sus amigos. Elévese, pues, el sumo bien a tal altura que ninguna fuerza lo derroque de su firme asiento, que no permita el acceso al dolor, al temor, a la esperanza ni a cosa alguna que conlleve mengua de su soberano privilegio. A tal altura solo puede ascender la virtud. Con sus pies, la virtud ha de domar ese áspero risco; se mantendrá de pie en su propia maciza reciedumbre, y todo lo que sobrevenga lo soportará no ya con paciencia, sino con generosa voluntad, y sabrá que toda dificultad de los tiempos es ley de la naturaleza y, como buen soldado, soportará las heridas, contará las cicatrices y morirá cosido de dardos, amando incluso al general por el que da la vida, y tendrá, en lo profundo del alma, aquel precepto antiguo: «¡Sigue a Dios!». Mas todo aquel que se queja y llora y gimotea, a la fuerza se lo obliga a cumplir las órdenes, y contra su voluntad es arrastrado a ejecutar los mandatos. ¡Qué locura es dejarse arrastrar en lugar de seguir! Tanta, por Hércules, como por necedad y desconocimiento de tu propia condición dolerte de que te falte alguna cosa o de que te ocurra algo penoso, o admirarte o indignarte por aquellas cosas que suceden tanto a los buenos como a los malos, es decir, las enfermedades, las muertes, las debilidades y otras contrariedades que asaltan la vida humana. Todo aquello que hay que padecer por la especial constitución del mundo hay que aceptarlo con grandeza de alma; por juramento estamos obligados a soportar los males propios de la mortalidad y a no perder la calma por aquellas cosas que no está en nuestra mano evitar. Nacimos en una monarquía: obedecer a Dios es libertad.

XVI

En la virtud está, por tanto, la verdadera felicidad. Esta virtud ¿qué te aconsejará? Que no tengas por bien ni por mal aquello que no acontece ni por virtud ni por malicia. Además de esto, que seas inconmovible a los embates del mal y a los halagos del bien, y, de la manera que te sea posible, que te labres en estatua como un dios. ¿Qué recompensa te promete esta empresa? Cosas grandes e iguales a las divinas. No se te obligará a nada; no estarás falto de nada; serás libre, estarás a salvo e indemne; nada que intentes llevar a cabo será en balde; ningún estorbo atravesará tu camino; todo ocurrirá de acuerdo con tu pensamiento, nada adverso te acaecerá, nada que contraríe ni tu opinión ni tu voluntad. «¿Pues qué? ¿Basta la virtud para vivir en la felicidad?». Siendo esta perfecta y divina, ¿cómo no iba a bastar, cómo no iba a sobrar? ¿Qué podría faltarle a quien está más allá de todo deseo? ¿Qué cosa exterior necesitará quien ha reconcentrado en sí mismo todas sus cosas? Aun así, quien se encamina a la virtud, aunque avance mucho, necesitará alguna benevolencia de la fortuna mientras siga luchando aun contra las cosas humanas y no haya soltado todavía ese nudo y cualquier otro vínculo mortal. ¿Cuál es, pues, la diferencia? Que los unos están ligados suavemente y los otros encadenados, o más aún, agarrotados; pero este que se elevó a las regiones superiores y se ha encumbrado más arriba que los otros arrastra floja la cadena, no libre del todo todavía, pero como si fuera libre.

XVII

Si alguno, pues, de aquellos que ladran contra la filosofía dijera lo que suelen decir: «¿Por qué hablas con más fuerza de lo que vives? ¿Por qué en presencia de tu superior bajas el tono de tus palabras y consideras el dinero un instrumento necesario, y te desconcierta un perjuicio, y viertes lágrimas cuando te anuncian la muerte de tu mujer o de tu amigo, y cultivas la fama, y te afectan las palabras maliciosas? ¿Por qué tienes un campo mejor cuidado de lo que reclama el uso natural? ¿Por qué no cenas de acuerdo con tus preceptos? ¿Por qué tienes un ajuar reluciente? ¿Por qué se bebe en tu casa un vino que te supera en vejez? ¿Por qué dispones gallineros? ¿Por qué plantas árboles que solo sirven para dar sombra? ¿Por qué tu mujer se cuelga en las orejas la dote de una familia opulenta? ¿Por qué tus jóvenes esclavos lucen vestidos preciosos? ¿Por qué en tu casa es un arte servir la mesa y tu vajilla de plata se coloca no de cualquier manera, sino aderezada hábilmente, y tienes a tu servicio a un experto en trinchar la carne?». Y añade aun si quieres: «¿Por qué tienes posesiones allende el mar, muchas más de las que conoces? ¿Por qué eres tan abandonado o tan negligente que no conoces a tus pocos esclavos, o tan fastuoso que tienes más de los que puede retener la memoria?». Te ayudaré después a denostarme y me injuriaré más copiosamente de lo que tú piensas. De momento, mi respuesta es esta: «No soy sabio, y no lo seré nunca para dar cebo a tu malignidad. Exígeme, pues, no que sea igual a los mejores, sino mejor que los malos; esto me basta; hacer cada día alguna poda en mis vicios y reprender mis errores. No llegué a la salud ni ciertamente llegaré a ella; confecciono calmantes, y no remedios, para mi gota, y me conformo con que me ataque más de tarde en tarde y, si me muerde, que lo haga con menos fuerza. Débil y todo, comparado con vuestros pies, soy un corredor de carreras». No por mí digo estas cosas —porque yo estoy hundido en la sima de mis vicios—, sino por quien ha logrado algún progreso.

XVIII

«Hablas de una manera —dices— y vives de otra». Este mismo reproche, oh, espíritus llenos de malignidad y de enemistad, se ha hecho contra todo hombre que descolla en virtud. Se le hizo a Platón, se le hizo a Epicuro, se le hizo a Zenón; porque todos estos decían no cómo vivían, sino cómo era su deber vivir. Hablo no de mí, sino de la virtud, y, cuando repruebo los vicios, en primer lugar repruebo los míos; cuando pueda, viviré como debe vivirse. Esta malignidad infectada de copioso veneno no me apartará de buscar el mejor camino; y esa misma ponzoña con que rociáis a los otros y con la cual os matáis vosotros no me impedirá seguir alabando no la vida que llevo, sino la que sé que se ha de llevar, ni adorar la virtud e ir a zaga de sus huellas, andando a rastras y siguiéndola de muy lejos. ¿Acaso debo esperar que haya alguna cosa inviolable para la maledicencia, para la cual no fueron sagrados Rutilio ni Catón? ¿Se preocupará alguien de parecer demasiado rico ante estos para quienes no fue lo bastante pobre Demetrio el Cínico? Él fue un hombre de gran vigor, en lucha perpetua contra todos los deseos de la naturaleza y, por eso mismo, más pobre que los otros cínicos, pues, mientras que estos se vedaban el poseer, él se prohibía el pordiosear. ¡Y dijeron que no fue falta de abundancia! Aunque, como ves, no profesó la ciencia de la virtud sino la de la miseria.

XIX

De Diodoro, filósofo epicúreo que, pocos días ha, puso fin a su vida con sus propias manos, niegan que fuese por seguir los preceptos de Epicuro por lo que se cortó el cuello. Unos ven en ese acto un acceso de locura; otros, una temeridad. Él, sin embargo, feliz y lleno de la buena conciencia, se dio testimonio a sí mismo separándose de la vida de esa manera, y alabó la calma de sus días pasados anclado en el puerto, y dijo aquello que no os gustó oír, como si también tuvieseis que hacerlo:

He vivido, y he seguido el curso que me asignó la fortuna.

Discutís sobre la vida ajena y sobre la muerte ajena, y ante el nombre de los varones a quienes engrandeció un mérito insigne, ladráis como los perros pequeños al encontrarse con desconocidos, pues os conviene que nadie parezca bueno, como si la ajena virtud fuese una reprensión de vuestros crímenes. Llenos de envidia, os parecen comparables las glorias de otros y vuestras sordideces, y no comprendéis cuánto salís perdiendo al establecer este paralelismo. Pues, si los seguidores de la virtud son avaros, licenciosos, ambiciosos, ¿qué seréis vosotros a quienes el nombre de virtud es aborrecible? Decís que nadie practica lo que enseña y que nadie vive de acuerdo con sus palabras, y ¿cómo podría extrañar esto, si dicen cosas fuertes, gigantescas, sobrepujantes por encima de todas las tempestades humanas? No obstante, en sus intentos de desclavarse de aquellas cruces en las cuales cada uno de vosotros hinca sus propios clavos, cada uno de ellos cuelga en un solo madero, mientras que estos otros que los convierten en blanco de sus invectivas son descoyuntados por tantas cruces como apetitos tienen. Pero los maldicientes son hasta encantadores para las injurias ajenas. Se creería que es una cómoda ocupación si no fuera que algunos, desde su patíbulo, escupen sobre sus espectadores.

XX

«Los filósofos no hacen lo que dicen». Pero hacen mucho con solo decirlo, solo con concebirlo en su noble alma, porque, si igualasen su vida con su pensamiento, ¿qué mayor felicidad habría que la suya? Además de esto, no tienes por qué desdeñar sus buenas palabras y su corazón lleno de generosos propósitos. Es empresa digna de alabanza dedicarse a estudios saludables, aunque no surtan efecto. ¿Puede asombrar que no suban más arriba los que intentan ascender por cuestas tan empinadas? Pero, si eres un hombre, contempla con admiración a los que emprendieron arduos ascensos, aun cuando cayeran. Hazaña generosa es la del hombre que, ateniéndose no a sus propias fuerzas sino a las de la naturaleza, se esfuerza en soberanas empresas y las concibe aún mayores que las que pueden llevar a término los pechos dotados de robustez y aliento. El hombre que se propuso esto: «Miraré la muerte con el mismo rostro con que oigo hablar de ella. Me someteré a los trabajos, cualesquiera que sean, apuntalando mi cuerpo con mi alma. Menospreciaré por igual las riquezas presentes y las ausentes; ni estaré más triste si yacen lejos de mí, ni estaré más contento si brillan cerca. No seré sensible a la fortuna, ya esté de mi lado o se aparte de mí. Miraré todas las tierras como mías, y las mías como de todos. Viviré como quien sabe que ha nacido para los demás, y por ello daré gracias a la naturaleza. ¿De qué manera mejor habría podido yo organizar mi vida? La naturaleza ha hecho entrega de mí a los demás, y a los demás me los ha entregado a mí. Todo lo que tuviere, ni lo guardaré con avaricia, ni lo derramaré con prodigalidad. Nada creeré poseer con mayor firmeza salvo aquello que haya bien entregado. No sopesaré los beneficios ni por el número, ni por el peso, ni por ningún otro valor aparte del que les asignó quien los recibió; jamás me parecerá demasiado lo que se dé a un hombre digno. Nada haré por la opinión de la gente; todo lo haré al dictado de mi conciencia. Haré en conciencia todo como si lo hiciera en presencia de todo el pueblo. En el comer y en el beber mi finalidad será satisfacer las exigencias de la naturaleza, no llenar el vientre y evacuarlo. Seré afable con mis amigos, y con los enemigos, manso y generoso; concederé antes de que se me ruegue y me adelantaré a toda petición honesta; sabré que mi patria es el mundo y mis protectores los dioses, que ellos están por encima de mí y a mi alrededor, censores de mis hechos y de mis palabras. Y cuando la naturaleza reclame mi vida o la razón la licencie, saldré de ella dando testimonio de haber amado la buena conciencia y los deseos virtuosos, y de no haber disminuido la libertad de nadie, y mucho menos la mía». El que se proponga hacer estas cosas, el que las quiera y las intente, hará su camino hacia los dioses, y, aunque no consiga llegar al término, habrá caído intentando algo grandioso.

Mas vosotros, que odiáis la virtud y al que la practica, no hacéis nada nuevo. Porque también los ojos enfermizos temen el sol, y las nocturnas alimañas aborrecen el esplendor del día y al primer albor se desconciertan y buscan enseguida sus guaridas y se esconden en las grietas y en las quiebras, temerosas de la luz. Aullad, ejercitad vuestra lengua infeliz en el ultraje de los buenos, abrid la boca, morded: mucho antes os romperéis los dientes que los clavaréis.

XXI

«¿Por qué aquel, tan amante de la filosofía y tan rico como es, lleva una vida opulenta? ¿Por qué dice que hay que menospreciar las riquezas y él las conserva? Piensa que la vida ha de ser despreciada y, aun así, sigue viviendo; que ha de ser desdeñada la salud y la defiende con diligencia suma y prefiere tenerla inmejorable. Cree que el nombre de destierro es un nombre vano y proclama: "¿Qué mal hay en cambiar de país?", y no obstante, si puede, envejece en su patria. Y, al mismo tiempo que dice que igual da una vida larga que una corta, él, si nada se lo impide, alarga su existencia y conserva plácidamente su verdor hasta una vejez muy avanzada». El filósofo enseña que hay que despreciar estas cosas no para no tenerlas, sino por no tenerlas con preocupación; no las echa de sí, pero cuando se van las mira ir con calma. ¿Dónde podría colocar mejor la fortuna sus riquezas que allí donde sabe que podrá retirarlas sin que se queje el que las devuelve? M. Catón, mientras alababa a Curión y a Coruncanio y aquella época en la que poseer unas pocas monedas de plata era un delito merecedor de censura pública, poseía cuatro millones de sestercios, menos sin duda que Craso, pero más que Catón el Censor. Si se compararan las cantidades, se vería que había ganado a su bisabuelo en mucha mayor medida en que era vencido por Craso, y si le hubiera sobrevenido una mayor opulencia, no la habría desdeñado. Pues el sabio no se considera indigno de ningún presente de la fortuna; no ama las riquezas, sino que las prefiere; no las coloca en su alma, sino en su casa; no rehúsa las que posee, sino que las señorea, y quiere que suministren a su virtud un campo más amplio.

¿Quién duda de que para un hombre sabio hay más holgura para expandir su buen corazón en las riquezas que en la pobreza, puesto que en esta la única virtud es no abatirse ni deprimirse, mientras que en las riquezas tienen campo abierto la templanza, la liberalidad, la generosidad, el buen orden y la magnificencia? No se tendrá en menos el sabio por su pequeña estatura, si bien preferirá ser alto. Y si es débil de cuerpo y tiene un solo ojo, no se desanimará, aunque preferiría la robustez corporal, pero sin olvidar que en él reside algo más poderoso. Soportará la precaria salud; deseará la buena. Existen determinadas cualidades que, aunque pequeñas en relación con el conjunto, de tal manera que pueden perderse sin ruina del bien principal, añaden algo a aquella perenne alegría que mana de la virtud. Las riquezas lo afectan y lo alegran como al navegante el viento fresco y favorable y un día de buen tiempo, o un lugar soleado en tiempo frío y brumoso. ¿Cuál de los sabios —quiero decir de los nuestros, que tienen la virtud como bien único— niega que estas cosas que llamamos indiferentes tienen también algún precio y que unas son preferibles a las otras? A algunas se les atribuye un poco de honor; a otras, mucho. Y, para que no te equivoques, diré claramente que las riquezas se encuentran entre las preferibles. «¿Por qué, pues, me escarneces —dices— si tienen el mismo lugar en ti que en mí?». ¿Quieres saber cuánto falta para que tengan el mismo lugar? Si las riquezas se escurriesen de mis manos, nada se llevarán consigo sino a sí mismas; tú, en cambio, quedarías estupefacto y te parecería que te han separado de ti mismo;

en mí, las riquezas tienen algún lugar; en ti, tienen el más alto; a la postre, mis riquezas son mías, tú eres de las riquezas.

XXIII

Cesa, pues, de prohibir el dinero a los filósofos; nadie ha condenado la sabiduría a la indigencia. Poseerá el filósofo grandes bienes, pero no robados a nadie ni manchados en sangre ajena, serán adquiridos sin injuria de otro, sin logros sórdidos, de salida tan honesta como la entrada, y a nadie harán gemir sino a los malignos. Amontónalos hasta la altura que quieras; honrados son, pues, aun cuando contengan muchas cosas de las cuales cada cual quisiera decir que son suyas, nada contienen de lo cual alguien pueda decir que es suyo. El filósofo no apartará la fortuna de sí, pero no se gloriará o se avergonzará del patrimonio adquirido con honradez. No obstante, tendrá algo de que gloriarse si, abriendo su casa y admitiendo a todos los ciudadanos a la vista de sus riquezas, puede decir: «Que tome cada uno lo que reconozca como suyo». ¡Oh, gran hombre! ¡Oh, qué rico sería si, después de esta invitación, tiene tanto como tenía; si ha podido, seguro y tranquilo, ofrecer al pueblo ese escrutinio y nadie halló nada que llevarse! Entonces será rico, con publicidad y valentía. El sabio no admitirá en el dintel de su casa una sola moneda mal ganada; pero tampoco repudiará ni cerrará la puerta a las grandes riquezas, dádiva de la fortuna y fruto de virtud. ¿Qué razón hay para que les niegue un buen lugar? Que vengan en buena hora, son bienvenidas. Ni las mostrará con jactancia ni las esconderá —lo uno es propio de un alma petulante, lo otro de un espíritu apocado y pequeño que parece llevar un tesoro escondido en su seno—; ni, como dije, las echará de casa. ¿Qué dirá entonces? ¿Dirá tal vez: «Sois inútiles», o: «Yo no sé usar las riquezas»? De la misma manera que puede hacer un viaje a pie pero preferirá hacerlo en un carro, así, aunque pueda ser pobre, preferirá ser rico. De manera que considerará las riquezas livianas y huidizas y no tolerará que sean pesadas ni para los otros ni para sí. Él dará… —¿por qué levantáis las orejas, por qué abrís el bolsillo?—, dará o a los buenos o a aquellos a los que puede hacer buenos; dará eligiendo con meticulosa discreción a los más dignos, como quien recuerda que ha de dar cuenta tanto de lo que da como de lo que recibe; dará por rectitud merecedora de aprobación, porque el galardón mal dado ha de contarse entre las prodigalidades vergonzosas; tendrá el bolsillo de apertura fácil, pero no con un agujero; de él saldrán muchas cosas, pero no caerá ninguna.

XXIV

Se equivoca el que piensa que dar es tarea fácil; sumamente difícil es si se da con prudencia y no derramando al voleo y al azar. A este me le gano; a aquel lo recompenso; a este lo socorro; de aquel me apiado; al otro lo favorezco porque lo creo digno de que la pobreza no lo deprima ni lo tenga tiranizado; a algunos no les daré aunque les falte, porque después de darles les seguirá faltando; a unos les ofreceré; a otros los persuadiré para que tomen. No puedo ser negligente en este punto, pues nunca hago a tanta gente mis deudores como cuando doy. «Pero, cómo —dices—, ¿tú das para recibir?». Rectifico: doy para no perder. Lo que dé debo ponerlo allí donde, aunque yo no pueda reclamarlo, me pueda ser devuelto. Un beneficio debe invertirse como un tesoro que se entierra profundamente, el cual solo debe desenterrarse por necesidad apremiante. ¿Qué más? La casa del rico, ¡cuánto margen ofrece a la beneficencia! ¿Quién reserva la generosidad solo a los que visten toga? La naturaleza me manda hacer bien a los hombres. Que sean esclavos o libres; ingenuos o libertos; libertos por la ley o por la libertad dada entre amigos, ¿qué importa? Dondequiera que haya un hombre, allí hay lugar para una buena acción. El dinero puede repartirse de puertas adentro en un ejercicio de liberalidad, puesto que esta no se llama así porque se deba a los hombres libres, sino porque procede de un espíritu libre. En manos del sabio, jamás se desperdiga en personas abyectas e indignas, ni se fatiga jamás de tal manera que, hallando quien la merezca, deje de manar a raudal pleno. No hay, pues, razón alguna para que oigáis con espíritu perverso aquello que de honesto, de fuerte, de animoso dicen los amadores de la sabiduría. Y entended esto antes de nada: una cosa es estar enamorado de la sabiduría y otra haberla alcanzado ya. El enamorado de la sabiduría te dirá: «Hablo muy bien, pero aún me revuelco en muchísimos males. No tienes derecho a exigirme conformidad con mis enseñanzas mientras voy haciendo lo posible para formarme y elevarme a un altísimo ejemplo; si algún día avanzase tanto como me he propuesto, entonces exígeme que mis obras correspondan a mis palabras». Mas, el que ya haya alcanzado el ápice del sumo bien, te hablará de otra manera y dirá: «En primer lugar, no tienes derecho a sentenciar sobre los que son mejores que tú; por lo que a mí toca, ya he conseguido desagradar a los malos, lo cual es un argumento de rectitud. Pero, por darte una razón, cosa que yo no rehúso a ningún mortal, oye lo que he prometido y la estima en que tengo cada cosa. Niego que las riquezas sean un bien, pues, si lo fueran, harían buenos a los hombres; por tanto, ya que no se puede llamar bueno aquello que se encuentra en los malos, retiro ese nombre a las riquezas. Pero no dejo de confesar que hay que tenerlas, que son útiles y que reportan grandes ventajas a la vida».

XXV

Escuchad ahora por qué razón no las cuento entre los bienes y qué hago yo con ellas diferente de vosotros, puesto que todos convenimos en que se deben tener. Ponme en una casa opulentísima; pon oro y plata cuyo uso sea indiscriminado: yo no me he de engreír por ello, pues, si ese tesoro está cerca de mí, está fuera de mí. Llévame al puente Sublicio y échame entre los pordioseros: no por eso tendré a menos sentarme entre el número de los cuitados que tienden su mano a la limosna. ¿Qué importa que le falte un mendrugo de pan a quien no le falta el poder morir? ¿Cómo se entiende eso? Prefiero la casa espléndida al puente. Ponme en medio de un ajuar resplandeciente y de un delicado esplendor; no me creeré más feliz por llevar un manto sedoso o porque mis comensales pisen alfombras de púrpura. Cambia mi cama; no seré más miserable si reclino mi cabeza cansada sobre un manojo de heno o si me tumbo en un colchón del circo que muestra su borra por los remiendos de la vieja tela. ¿Y entonces? Prefiero demostrar el ánimo que tengo vestido con pretexta o clámide que con las espaldas desnudas o mal cubiertas. Que todos los días se satisfagan mis deseos y que nuevas felicitaciones se sucedan unas a otras; no por eso estaré satisfecho de mí mismo. Cambia en sentido contrario esta indulgencia del tiempo; que lleven de acá para allá mi espíritu agobiado por el dolor y el llanto y por ataques diversos; que ninguna hora esté para mí exenta de queja; aunque esté asediado por las mayores miserias, no por eso me consideraré miserable ni maldeciré ningún día, porque yo he decidido que ningún día sea negro para mí. ¿Cómo se entiende, pues? Prefiero atemperar los goces a reprimir los sufrimientos. He aquí lo que te dirá aquel Sócrates famoso: «Hazme vencedor de todas las naciones; que me lleve la blanda carroza de Baco en triunfo hasta Tebas desde el lugar donde nace el sol; que reciban leyes de mí los reyes extranjeros: pensaré que soy un hombre, especialmente cuando me saluden por todas partes como a un dios. Después de tan sublime ascensión viene una súbita mudanza que me hace caer. Que me coloquen sobre el carro de un conquistador orgulloso y salvaje: llevado en carroza ajena no me sentiré más abatido que cuando iba subido en la mía. ¿Y entonces? Prefiero vencer a ser cautivo. Desdeñaré todo el imperio de la fortuna, pero de él, si se me da la opción, tomaré la mejoría. Todo lo que me llegue lo tomaré por bueno, pero prefiero que me lleguen las cosas más fáciles y agradables y cómodas. Mas no vayas a creer que existe ninguna virtud sin trabajo; lo que ocurre es que unas virtudes necesitan acicate, y otras de freno. Así como un cuerpo ha de ser retenido en un declive y empujado en una subida, así determinadas virtudes caminan cuesta abajo y otras suben la pendiente. ¿Alguien puede dudar de que la paciencia, la fortaleza, la perseverancia y cualquiera otra virtud que se oponga a duros contrastes y deba subyugar a la fortuna van cuesta arriba y deben combatir con esfuerzo denodado? ¿Y entonces? ¿Acaso no está claro igualmente que la liberalidad, la templanza, la mansedumbre van cuesta abajo? En estas debemos frenar el alma, para que no resbale; en aquellas la exhortamos y la enardecemos con brío. En la pobreza, pues, emplearemos aquellas virtudes que, como son más fuertes, saben combatir; en la riqueza, aquellas más cautas y meticulosas que mantienen en suspenso el pie y sostienen su peso. Establecida esta división, prefiero tener que usar aquellas cuya práctica es más tranquila que aquellas otras cuyo ejercicio es sangre y sudor. «Por tanto —dice el sabio—, no es que diga una cosa y haga otra, sino que vosotros lo entendéis de otra manera; solo el sonido de las palabras llega a vuestros oídos, pero no buscáis su significación».

XXVI

«¿Qué diferencia existe, pues, entre yo, que soy un necio, y tú, que eres un sabio, si los dos queremos lo mismo?». Muchísima; las riquezas, si las tiene el sabio, son sirvientas; si las tiene el necio, son señoras; el sabio nada permite a las riquezas; pero ellas a vosotros os lo permiten todo; vosotros, como si alguien os hubiera prometido su eterna posesión, os esforzáis por ellas y a ellas os adherís; el sabio nunca medita tanto sobre la pobreza como cuando vive en la afluencia. Nunca un general confía tanto en la paz como para no estar preparado para la guerra, que, aun cuando no se haga ahora, está declarada. Os deslumbra la casa hermosa, como si no pudiera quemarse o derrumbarse; os seduce la opulencia insolente, como si estuviera exenta de todo riesgo y fuese tan grande que la fortuna nada pudiese con ella. Ociosos, jugáis con las riquezas y no os prevenís contra sus peligros, como los bárbaros cuando son sitiados, que, al desconocer las máquinas de guerra, contemplan con indolente curiosidad el trabajo de los sitiadores sin entender para qué sirven aquellas obras que se montan a lo lejos. Lo mismo os sucede a vosotros: os marchitáis en vuestras riquezas y no tenéis en cuenta cuántos accidentes os amenazan por todas partes, listos para llevarse su preciado botín. Quien le quita las riquezas al sabio, le deja íntegro todo lo suyo, pues él vive contento con lo presente, seguro de lo venidero. Sócrates, o cualquier otro que tuviera el mismo derecho y la misma potestad que él ante las cosas humanas, diría: «De nada estoy tan convencido como de que no debo someter a vuestras opiniones los actos de mi vida. Decidme lo que soléis decir: no creeré que me ultrajáis, sino que balbuceáis como niños desvalidos». Eso mismo dirá aquel a quien cupo en suerte la sabiduría; aquel a quien un alma inmune de vicios autoriza para reprender a los otros, no por odio, sino a modo de medicina. Y todavía añadirá: «Vuestro criterio me impresiona no por mí, sino por vosotros, porque odiar a los que claman y hostigar a la virtud es renunciar a toda esperanza. Ninguna injuria me hacéis, como tampoco la hacen a los dioses los que derriban sus altares. Pero queda bien clara vuestra mala intención y vuestro propósito perverso aun en aquellas cosas en que no han podido hacer ningún daño. Soporto vuestras alucinaciones de la misma manera que Júpiter Óptimo Máximo soporta las locuras de los poetas, uno de los cuales le pegó unas alas, otro cuernos, otro lo hizo adúltero y trasnochador, otro cruel con los demás dioses, otro injusto con los hombres, otro raptor de nobles mancebos y hasta de parientes, otro parricida y usurpador del reino de otro, su padre..., con todo lo cual solo se consiguió que los hombres perdiesen la vergüenza de pecar por creer pecadores a los dioses. Pero, aun cuando estas fantasías vuestras no me dañen, no obstante os aviso por el amor que os tengo: admirad la virtud, creed a aquellos que, habiéndola seguido largo tiempo, proclaman que es cosa grande y que de día en día se magnifica más. Reverenciadla como reverenciáis a los dioses y honrad a los que la profesan como honráis a los sacerdotes, y siempre que oigáis mencionar los libros sagrados, enmudezca la lengua: *favete linguis*. Esta fórmula no deriva de *favor*, como muchos piensan, sino que impone silencio para que la sagrada ceremonia pueda celebrarse según el rito, sin gritos de voces malintencionadas, lo cual es mucho más necesario imponéroslo a vosotros, a fin de que siempre que se pronuncie una sentencia del oráculo, la oigáis con atención y con voz sumisa. Cuando alguno de esos tañedores de sistro miente porque se le ordenó, cuando alguno de esos hombres diestros en cortarse los músculos ensangrienta con su propia mano sus brazos y hombros manteniéndolos en alto, cuando una mujer, dando alaridos, arrastra sus rodillas por las calles, cuando un anciano vestido de lino y llevando una rama de laurel y una lámpara en pleno día proclama a gritos la ira de alguno de los dioses, vosotros acudís inmediatamente y escucháis, y, alimentando mutuamente vuestro estupor, afirmáis que se trata de un enviado de los dioses».

XXVII

He aquí a Sócrates, que del fondo de aquella cárcel que él purificó con su entrada y que hizo más honorable que cualquier curia, proclama: «¿Qué es esta furia? ¿Qué ley enemiga de los dioses y de los hombres es esta de infamar las virtudes y violar las cosas santas con malévolos razonamientos? Si podéis, alabad a los buenos; si no podéis, pasad de largo. Pero, si os place ejercitar esta ofensiva licencia, arremeted los unos contra los otros; pues, cuando con insana furia os alzáis contra el cielo, no digo que cometéis sacrilegio, sino que malgastáis vuestro esfuerzo.

»Yo mismo he sido sujeto a escarnio por Aristófanes; todo aquel hato de poetas satíricos me roció con sus sales envenenadas; mi virtud quedó esclarecida con aquellos mismos vituperios que la atacaban, pues a la virtud le conviene ser expuesta al público y puesta a prueba; nadie comprende mejor su grandeza que aquellos que, al hostigarla, experimentaron su firmeza; nadie conoce mejor la dureza del pedernal que quienes lo trabajan. Yo me presento como un risco solitario en un mar sembrado de arrecifes al que las olas no cesan de batir, aunque no por eso lo mueven de su lugar ni lo desgastan con los embates de su incesante marea. Acometedme, asaltadme: os venceré con mi paciencia. Todo aquello que ataca las cosas firmes e invencibles se esfuerza solo para su propio mal; buscad, pues, alguna materia blanda y dócil en la que se claven nuestros dardos.

»Mas vosotros tenéis holgura para escudriñar los males ajenos y decir de cualquiera: "¿Por qué este filósofo tiene una casa tan amplia? ¿Por qué aquel cena opíparamente?". Notáis las pequeñas erupciones cutáneas de los otros, pero vosotros estáis llenos de innumerables úlceras. Es como si uno ridiculizara los lunares y verrugas de los cuerpos más hermosos y a él se lo estuviera comiendo una sarna rabiosa. ¡Criticáis a Platón porque pedía dinero, a Aristóteles porque lo aceptaba, a Demócrito porque lo desdeñaba, a Epicuro porque lo malgastaba y a mí mismo me reprocháis a Alcibíades y a Fedro, vosotros, que alcanzaréis la máxima felicidad cuando podáis siquiera imitar nuestros vicios! ¿Por qué mejor no examináis vuestros males, que por todos lados os carcomen, los unos cundiendo por fuera, los otros quemando vuestras entrañas? No llegaron las cosas humanas a tal estado, aunque vosotros sepáis poco del vuestro, como para que os quede ocio para lanzar vuestra lengua en vituperio de los mejores».

XXVIII

Esto no lo entendéis vosotros, que presentáis un aspecto distinto del que corresponde a vuestra fortuna, como alguien que se está regodeando en el circo o en el teatro y que, sin que nadie se lo haya dicho todavía, tiene su casa de luto. Mas yo, mirando desde muy arriba, veo las tempestades que os amenazan, que pronto van a romper la nube o que, ya cercanas, se aproximan más y más para arrebataros a vosotros y a vuestras cosas. ¿Qué más se puede decir? ¿No es cierto que ahora mismo, aunque no lo sintáis, un torbellino envuelve y arremolina vuestras almas, que huyen y buscan las mismas cosas y ora son levantadas a las mayores alturas, ora se hunden y se abaten contra el suelo…?

(Laguna).

Sobre la constancia del sabio

I

No sin razón osaré decir, mi caro Sereno, que entre los filósofos estoicos y los otros que hacen profesión de sabiduría hay la misma diferencia que entre los varones y las hembras, pues, aun cuando uno y otro sexo concurran paralelamente a la vida social, el uno ha nacido para obedecer y el otro para mandar. Los restantes sabios son como los médicos caseros que forman parte de nuestra servidumbre y curan los cuerpos enfermos con flojedad y blandura, y no siguen el tratamiento más eficaz y más rápido sino simplemente el que pueden. En cambio, los estoicos, entrados en camino fragoso que requiere un esfuerzo viril, no cuidan que parezca ameno a los que caminan por él, sino que nos libere cuanto antes y nos conduzca, por esas asperezas, a aquel alto asiento que se encuentra tan fuera del alcance de cualquier agresión que puja y descuella gallardamente por encima de la fortuna. «Mas los caminos a los que se nos llama son ásperos y abruptos». ¿Y qué? ¿Es que se va por caminos llanos a las alturas? Pero no son tan quebrados estos caminos como algunos piensan. Solo las entradas son pedregosas y ásperas y tienen apariencia de intransitables, de la manera en que algunos parajes montañosos, vistos de lejos, parecen escarpados y unidos porque la distancia engaña a la vista, pero después, al acercarnos, aquello que el error de perspectiva amontonaba en un bloque macizo va abriéndose poco a poco y lo que de lejos parecía un despeñadero al llegar se descubre que es una apacible cañada. Hace poco, cuando nuestra conversación recayó sobre M. Catón, mal sufrido como eres de toda injusticia, te indignabas de que tan poco lo hubiera comprendido la época en la que vivió, porque, aunque sobrepasaba a los Pompeyos y los Césares, lo colocó por debajo de los Vatinios. Y se te antojaba cosa indigna que en pleno foro lo despojasen de la toga al impugnar una ley; que desde la tribuna hasta el Arco de Fabio lo arrastrase una facción sediciosa, y fuera golpeado y escupido y sufriese toda suerte de ultrajes por parte del populacho enloquecido.

II

Te respondí entonces que más justo era que te dolieses en nombre de la república, de la cual habían hecho objeto de compra y venta P. Clodio, por una parte, Vatinio, por la otra, y cualquier otro hombre perverso, los cuales, poseídos de codicia ciega, no se percataban de que mientras vendían, eran vendidos a su vez. Por lo que toca a Catón, te decía que estuvieses tranquilo, porque sobre el sabio no puede recaer injuria ni afrenta, y que en Catón los dioses inmortales nos dieron un dechado más firme del varón sabio que en Ulises y Hércules, héroes de las edades míticas. A estos, nuestros estoicos los proclamaron sabios, invencibles en los trabajos, menospreciadores del placer, vencedores de todos los miedos. Catón no lidió con fieras, cuya persecución corresponde a los cazadores y a gente montesina y agreste, ni acosó monstruos a hierro y fuego, ni le acaeció vivir en unos tiempos en que pudiera creerse que el cielo se sostenía sobre las espaldas de un hombre. Disipada ya la antigua credulidad y llegado aquel siglo a la más refinada industria, Catón peleó contra la ambición, mal multiforme; contra el hambriento e inmenso deseo de poder, que ni aun el mundo repartido entre tres bastó para saciarlo; contra los vicios de una ciudad que degeneraba y se hundía bajo el agobio de su propio peso; peleó solo, y tanto como podía hacerlo un solo brazo de un mortal, detuvo a la república en su caída hasta que, a la postre, arrastrado y arrancado con ella, quiso acompañarla en su derrumbamiento, impedido largo tiempo por él, y de esta manera murieron al mismo tiempo aquellas dos instituciones indisolubles, pues ni Catón vivió al morir la libertad ni la libertad vivió al morir Catón. ¿Piensas tú que a un hombre como ese pudo hacer injuria el pueblo, despojándolo de la pretura o de la toga, o al rociar de salivazos aquella su venerada cabeza? Seguro está el sabio, y ni injuria ni ultraje pueden afectarle lo más mínimo.

III

Me parece que veo tu espíritu sulfurado e irritado, y que te preparas para decir a voz en cuello: «Esto es lo que quita crédito a vuestra doctrina: prometéis cosas tan grandes, que no solamente no se pueden desear, sino ni siquiera creer. Después de haber proclamado con gran énfasis que el sabio no puede ser pobre, no negáis que suelen faltarle esclavos, cobijo, comida; tras negar que el sabio no puede caer en la locura, no negáis que puede estar enajenado y pronunciar conceptos poco cuerdos y atreverse a todo aquello a lo que lo fuerce la violencia de la enfermedad; tras negar que el sabio sea un esclavo, admitís que puede ser vendido y ejecutar las órdenes de su amo y rebajarse a las tareas más serviles, y, así, de la cumbre a que os encaramáis, descendéis tan bajo como los demás tras cambiar solo los nombres de las cosas. Algo así sospecho que sucede en lo que decís, que, desde luego, es hermoso y magnífico a primera vista: que el sabio no puede recibir injuria ni afrenta. Pero importa mucho saber si situáis al sabio más allá de la indignación o de la injuria. Si me decís que la soportará con gallardía de ánimo, no tiene ningún privilegio, pues le ocurre una cosa ordinaria, la paciencia, que se aprende con la continuidad de las injurias; pero si me dices que no puede recibir injuria, esto es, que nadie ha de intentar injuriarlo, entonces lo dejo todo y me hago estoico». Yo no me he propuesto adornar al sabio con un honor imaginario y puramente verbal, sino ponerlo en un lugar adonde no llegue ninguna injuria. Y, qué, ¿no habrá nadie que lo arañe, que lo provoque? Nada hay en la naturaleza tan sagrado que no dé con un sacrílego; pero no dejan de estar en lugar sublime las cosas divinas porque existan quienes arremeten contra una grandeza que no podrán tocar, tan lejos de su alcance está colocada. Invulnerable no es aquello que no puede ser herido, sino aquello que no puede ser mellado. Por esta señal te daré a conocer al sabio. ¿Es dudoso, por ventura, que sea más segura la fuerza que no es vencida que la que no es atacada, porque incierto es el brío no probado y, con razón, se tiene por firmísima aquella resistencia que repele todas las acometidas? Debes saber que es de mejor temple el sabio a quien ninguna injuria daña que el que no recibe ninguna. Yo llamaré valiente a aquel a quien las guerras no abaten, ni lo atemoriza la proximidad del enemigo, y no a aquel otro que se regodea en ocio pingüe en medio de pueblos abúlicos. Lo que yo digo es que el sabio no está sujeto a ninguna injuria, y, por eso, no importa el número de flechas que le disparen, porque a todas es impenetrable. Así como la dureza de muchas piedras es inexpugnable al hierro, y el diamante no puede cortarse ni herirse ni mellarse, sino que rechaza instantáneamente todos los cuerpos que lo atacan; y así como otros cuerpos incombustibles, que no puede consumir el fuego, conservan su entereza y su forma en medio de las llamas; y al modo en que los altos riscos quiebran la bravura del mar y no muestran huella alguna de la tenaz violencia con que son batidos desde hace tantos siglos, así es de sólida el alma del varón sabio y ha recogido tanta energía que está tan seguro en la injuria como esos objetos que acabo de referir.

IV

«Entonces ¿faltará alguno por ventura que intente hacer injuria al sabio?». Lo intentará, pero no llegará a él ese conato de injuria, porque lo hallará a tal distancia del contacto con los seres inferiores que ninguna fuerza dañina podrá llegar hasta él. Y, aun cuando intentaran dañarlo los poderosos, los elevados a posiciones de autoridad, los que se sienten fuertes con la unanimidad de sus esclavos, sus ataques quedarán tan sin fuerza y tan lejos de la sabiduría como los proyectiles que tiran en alto las hondas o las máquinas, que después de perderse de vista se precipitan hacia abajo, muy lejos de haber tocado el cielo. ¿Piensas tú que aquel rey estúpido que con una nube de saetas ofuscó el día llegó con alguna de ellas a ofender al sol, o que con las cadenas que echó en el mar aherrojó a Neptuno? De la misma manera que el cielo está exento de las manos del hombre y que en nada dañan a la divinidad los que arrasan templos y funden las estatuas, así todo lo que la perversidad, la arrogancia y la soberbia hacen contra el sabio no pasan de tentativas frustradas. «Pero mejor fuera que ninguno intentara hacerle ofensa». Cosa difícil deseas del linaje humano: la inocuidad. Que la injuria no se haga interesa a aquellos que han de hacerla, no ciertamente a aquel que, aunque se haga, no puede padecerla. Incluso te diré que no sé si el sabio muestra más claramente su fuerza manteniéndose tranquilo en medio de los ataques, de la misma manera que la mayor prueba de la superioridad de un general en armas y en hombres es la completa seguridad con que se mantiene en suelo enemigo.

V

Distingamos, si te parece, mi caro Sereno, la injuria del insulto. La primera es, por su naturaleza, más grave, mientras que el otro es más leve, y es grave solamente para los delicados, pues no hiere a los hombres sino que los ofende. Pero es tanta la disolución y la vanidad de los espíritus que algunos no hallan nada más cruel. Hallarás algún esclavo que prefiera ser azotado que abofeteado, y que juzgará más tolerables la muerte y los latigazos que las palabras ofensivas. Se ha llegado a tan grande desatino que no nos atormenta el dolor, sino la idea del dolor, de la misma manera que los niños a los que asusta una sombra, una máscara fea, un rostro ceñudo, y cuyas lágrimas fluyen al oír nombres desagradables, con los movimientos de los dedos y con otros espantajos de los que huyen por temor de una acometida inesperada. La injuria se propone hacer mal a alguien, pero la sabiduría no deja lugar al mal, porque para ella no hay otro mal si no es la vileza, la cual no tiene entrada donde han entrado la virtud y el honor. Si, por tanto, no hay injuria sin mal, ni mal sin vileza, y la vileza no puede llegar a quien está ocupado en cosas honestas, entonces la injuria no llega al sabio. Porque, si la injuria es sufrimiento de algún mal, y si el sabio no puede sufrir ningún mal, al sabio no le afecta ninguna injuria. Toda injuria es una disminución de aquel sobre quien cae, y nadie puede recibir injuria sin algún detrimento, bien de la dignidad o del cuerpo, bien de las cosas que están fuera de nosotros. Pero el sabio no puede perder cosa alguna, porque las tiene todas firmemente colocadas en sí mismo y de ninguna de ellas hizo entrega a la fortuna. Todos sus bienes están seguros, puesto que se contenta con la virtud, que no necesita nada fortuito y, por tanto, no puede crecer ni menguar. Porque aquello que ha llegado a una perfección suma no tiene lugar para ningún aumento, y la fortuna no quita sino lo que ella dio. Y, como no da la virtud, por eso mismo no la quita. La virtud es libre, inviolable, inconmovible e incontrastable, y de tal manera endurece contra los golpes del azar que no puede ser ni torcida ni mucho menos vencida. Frente a los más espantables acontecimientos, no aparta los ojos; no hace mudanza su rostro cuando se le muestran duros sucesos prósperos. De modo que nada perderá el sabio que pueda lamentar, pues no posee nada más que la virtud, de la cual no puede ser desahuciado nunca, y de las demás cosas no tiene sino una posesión precaria, y ¿quién se lamenta de la pérdida de lo ajeno? Si, por tanto, la injuria no puede dañar ninguna de las cosas que son propiedad del sabio, ya que están seguras en la virtud, no puede hacerse injuria al sabio.

Demetrio, Poliercetes de sobrenombre, tomó la ciudad de Mégara y al preguntarle al filósofo Estilpón si había perdido alguna cosa, este le respondió: «Ninguna, todas mis cosas las llevo conmigo». Y, aun así, su patrimonio había sido saqueado, y el enemigo se había llevado a sus hijas, y su patria había pasado a potestad ajena, y el rey lo interrogaba desde lo alto de su carro de triunfo, rodeado de las armas del ejército vencedor. Pero él le arrebató la victoria de las manos, y en una ciudad cautiva se demostró no solo invicto, sino indemne. Quedaban en su poder los verdaderos bienes en los cuales no se pueden poner las manos, y aquellos que le habían sido saqueados y robados no los tenía por suyos, sino por adventicios y dóciles a los antojos de la fortuna, y por eso no los amaba como propios, pues de todo lo que está de la parte de afuera, la posesión es frágil e insegura.

VI

Juzga ahora si un ladrón, o un calumniador, o un vecino insolente, o un rico cualquiera ejerciendo esa especie de realeza que da la vejez sin hijos puede hacer injuria a quien nada pudieron arrebatar ni la guerra ni un enemigo que profesaba el glorioso arte de arrancar ciudades de cuajo. Entre el destello de las espadas por todas partes y el tumulto de los soldados saqueando, entre las llamas y la sangre y las ruinas de la ciudad saqueada, entre el fragor de los templos que se desploman encima de sus dioses, solo un hombre conservó la paz. No hay, pues, razón para que juzgues atrevida la promesa que te hice, porque, si es que me concedes poco crédito, te daré una garantía. Y, si te cuesta creer en tanta firmeza y tanta grandeza de espíritu en un hombre, él mismo saca pecho y dice: «No hay por qué dudar de que quien nació hombre puede elevarse sobre la condición humana y contemplar serenamente los dolores, los daños, las tribulaciones, las heridas, los seísmos que rugen a su alrededor, y soportar apaciblemente las cosas duras y con moderación las prósperas sin rendirse por aquellas ni confiar en estas, manteniéndose siempre él mismo en tanta multitud de azares y no teniendo por suyo sino a sí mismo y aun esto en la mejor parte. Yo mismo soy un ejemplo: bajo ese destructor de tantas ciudades, las murallas se hienden al embate del ariete, se desmoronan de pronto las torres altaneras por minas o por galerías subterráneas, crecen sus baluartes hasta igualar las más altas ciudadelas, pero no se encontrará ninguna máquina que actúe sobre el alma bien fundamentada. He escapado de las ruinas de mi casa y he huido en medio de la sangre y las llamas que brillaban por todas partes. No sé qué destino habrán corrido mis hijas, ni si será peor que el de mi patria. Aunque estoy solo, soy viejo y veo que alrededor todo me es hostil, afirmo que toda mi herencia esta íntegra e intacta: conservo y poseo todo lo que ha sido mío. No tienes por qué juzgar que he sido vencido ni creerte vencedor; ha sido tu fortuna la que ha vencido la mía. No sé dónde están las cosas caducas que varían de dueño; por lo que toca a mis cosas, conmigo están y conmigo estarán. Aquí los ricos perdieron sus patrimonios; los libidinosos, sus amores y sus queridas amantes al precio carísimo del pudor; los ambiciosos, la curia y el foro y los lugares consagrados al ejercicio público de todos los vicios; los usureros perdieron los registros donde la avaricia, falsamente alegre, anota riquezas imaginarias; pero yo conservo enteros e intactos todos mis bienes. Pregunta a estos que lloran, que se lamentan, que para defender su dinero oponen su pecho desnudo a las espadas desnudas, y a esos que huyen del enemigo con el bolsillo lleno».

Ten, pues, por cierto, oh, Sereno, que el varón perfecto, lleno de virtudes humanas y divinas, nada pierde. Sus bienes están cercados de murallas sólidas e inexpugnables. No las compares con los muros de Babilonia, en la que penetró Alejandro, ni con las defensas de Cartago o de Numancia, que tomó una misma mano, ni con el Capitolio y su ciudadela, que tiene señales de los enemigos. Las murallas que defienden al sabio están a salvo del fuego y del asalto; ninguna puerta ofrecen, porque son excelsas e inexpugnables, como las moradas de los dioses.

VII

No tendrías razón si dijeras, como sueles, que este sabio nuestro no se halla en parte alguna. No fabricamos en vano este ornamento hueco del ingenio humano, ni soñamos grandiosamente con la imagen de una cosa falsa, sino que, tal como la presentamos, sucede muy raras veces, quizá una sola en los amplios intervalos de los siglos, porque las cosas grandes que exceden lo acostumbrado y lo vulgar no nacen todos los días. Además, sospecho que ese mismo M. Catón que dio motivo a nuestra disputa era quizá superior a nuestro modelo. Y, finalmente, aquello que daña ha de ser más fuerte que lo dañado, pero la maldad no es más fuerte que la virtud, por tanto, el sabio no puede ser ofendido. Solo los malos intentan injuriar a los buenos; entre los buenos hay siempre paz, mientras que los malos son tan dañinos con los buenos como con sí mismos. Y, si solo se puede injuriar al más débil, y si el malo es más débil que el bueno y el bueno solo habría de temer injuria de su semejante, entonces no puede recaer la injuria sobre el hombre sabio. Porque no hace falta que diga de nuevo que solo el sabio es bueno. «Si Sócrates —dice— fue condenado injustamente, recibió injuria». Aquí conviene que entendamos que puede ocurrir que alguien me haga injuria y que yo no la reciba, de la misma manera que si alguien robase algo de mi granja y después lo pusiese en mi casa, esa persona habría robado, pero yo no habría perdido nada. Una persona puede ser dañador aunque no dañe, por ejemplo, si un hombre casado se acostase con su mujer pensando que es la mujer de otro, es un adúltero, pero la mujer no lo es. Alguien me administra veneno, pero mezclado con la comida pierde su efecto; esa persona, al darme el veneno, se hace culpable de un delito aunque no consiguiera envenenarme; y no es menos asesino aquel cuyo puñal se enreda en las ropas de la víctima y no se clava. Todos los crímenes, aun antes de la ejecución, han sido consumados en lo que atañe a la culpa. Determinadas cosas son de tal condición y están trabadas de tal manera que la una no puede estar sin la otra. Intentaré expresar más claramente lo que digo. Puedo mover los pies sin correr, pero no puedo correr sin mover los pies; puedo estar en el agua sin nadar, pero si nado solo puedo estar en el agua. De este mismo género es aquello de lo que estamos hablando; si he recibido una injuria, es necesario que alguien me la haya hecho, pero si alguien me ha hecho una injuria, no es necesario que yo la haya recibido. Pueden presentarse muchas circunstancias que desvíen la injuria; un azar puede abatir la alta y fiera mano armada para herir, y desviar la dirección del proyectil; así, también, cualquier azar puede repeler toda suerte de injurias e interceptar su camino, de tal manera que sean hechas, pero no recibidas.

VIII

Además de esto, la justicia no puede sufrir lo injusto, porque las cosas contrarias no pueden coexistir, pero la injuria solo puede hacerse de manera injusta, luego al sabio no se puede hacer injuria. Y no hay necesidad de que te admires de que nadie pueda hacerle injuria, pues tampoco nadie puede favorecerlo. Al sabio no le falta nada que pueda recibir por medio de una dádiva, y el malo nada puede darle que sea digno del sabio; es necesario primero tener algo que dar, pero el malo no tiene nada de cuya adquisición pueda alegrarse el sabio. Nadie, pues, puede dañar al sabio o beneficiarlo, porque las cosas divinas ni desean ayuda ni temen detrimento, y el sabio está muy próximo a los dioses y, excepto en la mortalidad, es semejante a un dios. Con su esfuerzo por caminar hacia una vida excelsa, regulada, intrépida y que discurre con curso igual y concorde, segura, benigna, nacida para el bien público, saludable para sí y a los demás, no codiciará ninguna cosa abyecta ni lamentará nada. Aquel que, confiado a la razón, atraviesa los asuntos humanos con alma divina, no tiene lugar donde recibir injuria. ¿Piensas que solo de parte de los hombres no puede recibir injuria? Pues te digo que tampoco de parte de la fortuna, la cual nunca salió indemne al enfrentarse a la virtud. Si recibimos con ánimo plácido e igual incluso esa prueba suprema más allá de la cual ya no pueden amenazarnos ni las leyes irritadas ni los señores más crueles, y en la cual termina el imperio de la fortuna, si sabemos que la muerte no es un mal y, por ende, tampoco una injuria, con mucha mayor facilidad sobrellevaremos todas las demás contrariedades, daños, dolores, afrentas, ignominias, mudanzas de lugares, duelos de familia y separaciones, todas las cuales, aunque rodeen al sabio, no lo abruman, y mucho menos lo entristecen cuando lo atacan una a una. Si soporta con moderación las injurias de la fortuna, ¡cuánto más las de los hombres poderosos, sabiendo que son instrumentos de esta!

IX

Así pues, el sabio sufre todas las cosas con el mismo ánimo con que sufre el rigor del invierno, la destemplanza del cielo, las fiebres y las enfermedades y los otros accidentes fortuitos. Y tampoco tiene en tan alta estima a cualquier hombre como para pensar que actúa a propósito, lo cual solo sucede en el caso de un sabio. En las demás personas no hay consejos de la razón, sino fraudes, asechanzas e ímpetus de pasión desordenada, que el sabio considera iguales a accidentes. Todo lo fortuito se ensaña fuera de nosotros y en los seres inferiores. Piensa también cuán anchuroso campo hay para la injuria en aquellas cosas en las que estamos expuestos a peligros, por ejemplo un acusador instigado, calumnias, poderosos irritados contra nosotros y todas las ruindades que se estilan entre la gente de toga. También es muy frecuente la injuria de sustraer la ganancia a otro, o un premio logrado con tenacidad, o una herencia conseguida con gran trabajo, o se pierde el favor de una casa opulenta que nos procuraba buenas ganancias. A todo escapa el sabio, pues no sabe lo que es vivir para la esperanza o para el miedo. Añade a esto que nadie recibe injuria sin alteración de ánimo, pues al sentirla se perturba, pero no siente esa perturbación un hombre libre de errores, dueño de sí mismo, ensimismado en profunda y plácida quietud. Si la injuria lo tocara, lo conmovería e inquietaría, pero el sabio carece de la ira que despierta la apariencia de injuria, y no podría carecer de ira si no careciese de injuria, que él sabe que no se le puede hacer. De ahí se sigue que se mantenga tan recio y alegre, exaltado por un gozo continuo. Y de tal manera no se doblega a las ofensas de las cosas y de los hombres, que la misma injuria le es útil para juzgarse a sí mismo y para poner su virtud a prueba.

Acatemos, te ruego, con silencio respetuoso este intento y prestemos el alma aparejada y el oído atento a esta doctrina por la cual el sabio se exime de la injuria. No por eso se quita nada de vuestra arrogancia ni de la suma rapacidad de vuestras codicias, ni de la ciega temeridad de vuestra soberbia; vuestros vicios están a salvo mientras el sabio logra esta liberación. No nos esforzamos para que a vosotros no os sea lícito hacerle injuria, sino por que él la lance al abismo y se defienda con paciencia y con grandeza de alma. Así, en los juegos sagrados, la mayor parte de las victorias se han obtenido fatigando con obstinada paciencia las manos de los adversarios. Piensa que el sabio es del linaje de aquellos que, con un ejercicio largo y constante, obtuvieron la fortaleza de resistir y fatigar toda la violencia del enemigo.

X

Puesto que hemos discutido la primera parte de nuestro tema, pasemos a la segunda, donde mostraremos que el sabio no puede ser insultado, con algunas razones propias y otras comunes. El insulto es menos que la injuria, y de él podemos quejarnos, pero no vengarnos, puesto que las leyes no lo juzgan digno de castigo. Esta producida por una pusilanimidad que se encoge por cualquier acto o hecho deshonroso: «No me admitió hoy, habiendo admitido a otros», o bien: «Torció el rostro a mis razones, o se rio de ellas en público», y: «No me colocó en medio de la mesa, sino en un extremo», y otras cosas de alcance igual, las cuales ¿cómo las llamaré sino quejas de un ánimo agriado? En estas impertinencias no caen sino los delicados y los muy prósperos, pues no les queda tiempo para notarlas a los que tienen más activas preocupaciones. Los espíritus naturalmente flacos y mujeriles y que poseen excesivo ocio, como carecen de auténticas injurias, se alteran con estas otras, la mayor parte de las cuales consiste en la culpa de quien las interpreta. Así que el que se altera con un insulto hace demostración de que no tiene ni pizca de prudencia ni de confianza, pues sin dudarlo se considera despreciado, y este remordimiento no se da más que en un espíritu ruin que se empequeñece y se rebaja. Pero el sabio no se siente despreciado por nadie, puesto que conoce su grandeza y está convencido de que nadie tiene ese poder sobre él, y esas cosas que yo no llamaría ni siquiera miserias, sino molestias del alma, no solo las vence, sino que ni siquiera las siente.

Otras cosas hay que hieren al sabio, aunque no lo derriben, como el dolor corporal, la flaqueza de la salud o la pérdida de los amigos, de los hijos, o la calamidad de la patria abrasada por las guerras. No niego que el sabio siente estas cosas, porque no le atribuimos la dureza de las piedras o del hierro. No existe virtud que no sienta la fuerza de los embates. ¿Qué hace él, entonces? Recibe algunos golpes, pero los vence, los cura y termina con ellos. Mas aquellas otras picadurillas no solo no las siente, sino que ni siquiera se vale de su acostumbrada virtud para resistirlas; no repara en ellas o las considera cosa de reír.

XI

Además de esto, como la mayor parte de los insultos provienen de los soberbios y los insolentes y los que se avienen mal con su felicidad, el sabio, para rechazar esa pasión tumefacta, hace uso de la magnanimidad, que es la más hermosa de todas las virtudes. La magnanimidad pasa por encima de todas esas cosas como si fueran vanas fantasías de los sueños o fantasmas nocturnos que no tienen ni realidad ni consistencia. Y se persuade al mismo tiempo de que todos ellos son demasiado pequeños para tener la osadía de menospreciar aquello que por encima de ellos tanto sobrepuja. La palabra *contumelia* ('insulto') se deriva de *contemptus* ('desprecio'), porque nadie insulta sino a aquel a quien menosprecia, y nadie desprecia a quien considera mayor y mejor que él, aunque haga algo de aquello que suelen hacer los menospreciadores. Porque también los niños dan golpes en la cara a sus padres, y el bebé desgreña y arranca los cabellos de su madre, le escupe y descubre delante de todos lo que ha de estar cubierto, y no se abstiene de palabras obscenas, y no consideramos un insulto ninguna de estas acciones. ¿Por qué? Porque el que la hace no puede despreciar. Y esta es la causa de que también nos divierta la procacidad de lengua de nuestros esclavos contra sus dueños, cuya audacia, puesto que comenzó en el señor, se extiende en último término a los convidados. Cuanto más despreciado y ridículo es un hombre, más lenguaraz es. Y para este efecto, algunos compran a jóvenes esclavos procaces y aguzan su desvergüenza y aun les dan un maestro que les enseña a proferir oprobios premeditados, y a esos no los llamamos insultos, sino agudezas. ¡Qué gran desvarío es holgarse u ofenderse por estas bromas y tener por insulto lo que dice un amigo y llamar bufonería a lo que dice un pequeño esclavo!

XII

La misma disposición de ánimo que tenemos para las cosas de los niños es la que tiene el sabio con todos aquellos que, mucho después de la juventud y la aparición de las canas, están en la puerilidad. ¿Han medrado algo, por ventura, esos que tienen todos los defectos de la edad pueril y acrecentados mucho más sus errores, esos que no difieren de los niños más que en la estatura y en la forma del cuerpo y, por lo demás, no son menos tornadizos e inciertos, amigos del placer sin elección, asustadizos y jamás aquietados por la reflexión sino solamente por el miedo? Nadie dirá que entre ellos y los niños haya alguna diferencia sino en que estos tienen codicia de dados, nueces y pequeñas moneditas, y aquellos tienen sed de oro, de plata, de ciudades; los niños juegan entre sí a magistrados e imitan las pretextas, los haces y el tribunal; y los grandes, en el Campo de Marte, en el foro y en el Senado, juegan seriamente a las mismas cosas; los niños levantan simulacros de casas a la orilla del mar con montoncitos de arena; y los grandes, como quien hace una gran cosa, se ocupan en levantar piedras y paredes y techos que, inventados para defensa de los cuerpos, convierten en peligro lo que nació para seguridad de los cuerpos. Iguales son, pues, los niños y los que avanzaron en edad, pero el error de estos es en cosas de mucha mayor importancia. Así que, no sin causa, el sabio recibe las injurias de estos como juegos y, algunas veces, como si fueran niños, los corrige con dolor y castigos, no porque él haya recibido injuria, sino porque la hicieron ellos y para que desistan de hacerla. Del mismo modo a las bestias se las doma a azotes y no nos enojamos con ellas cuando rehúsan al jinete, sino que les ponemos el freno para que el castigo venza la rebeldía. Con esto sabrás que queda solventada la objeción: «¿Por qué el sabio, si no recibió injuria ni insulto, castiga a los que se los hacen?». El sabio no se venga de ellos, sino que los corrige.

XIII

¿Y por qué no habrías de creer que el hombre sabio es capaz de esta firmeza de espíritu cuando te resulta fácil notarla en otros, aunque no por la misma causa? ¿Qué médico se enoja con un demente? ¿Quién toma a mal los insultos del calenturiento al que se le niega agua fresca? El sabio tiene con todos la misma disposición que el médico con sus enfermos, cuyas partes pudendas no desdeña tocar si necesitan tratamiento, ni, por la misma razón, deja de examinar las deyecciones y los excrementos, o se enfada por escuchar los insultos de aquello a quienes el furor pone fuera de sí. El sabio sabe muy bien que todos esos que andan con toga y púrpura, como si tuvieran buena salud, son enfermos barnizados de sanos, y como a tales los mira, como a enfermos desposeídos de templanza. Por eso no se enfada si, poseídos por su dolencia, se atreven a decir algo contra el que los cura; y, así como tiene en poca estima sus lisonjas, también sus vituperios. Y así como no se complacerá con las honras que le haga un pordiosero, ni tomará tampoco a injuria si un hombre de la ínfima plebe a quien saludó no le devuelve la cortesía, así tampoco se estimará en más porque los ricos lo estimen, pues sabe que en ninguna cosa se diferencian de los mendigos, antes bien, son más desdichados, porque los pobres necesitan poco y los ricos mucho, y no le afectará si el rey de los Medos o un Átalo de Asia corresponde a su saludo con desdeñoso silencio y con gesto displicente y altanero. Sabe que su estado no tiene nada que envidiar a aquel a quien, en una gran casa, se ocupa de los esclavos enfermos y locos. ¿Acaso habría de molestarme si es grosero conmigo uno de esos que venden esclavos inútiles en el templo de Cástor y cuyas tiendas rebosan de sirvientes de la peor laya? Yo creo que no. ¿Qué tiene de bueno este sujeto bajo cuyo poder no hay nadie que no sea malo? Pues así como no hace caso de la cortesía y de la descortesía de ese ganapán, de la misma manera no hace caso de la del rey: tienes bajo tu mando a los partos, a los medos, a los bactrianos, a los que contienes con el miedo, por causa de los cuales no puedes aflojar el arco por ser enemigos tuyos ceñudos, venales y deseosos de mudar de dueño. Con ninguna injuria se alterará el sabio, porque, por más que sean todos ellos diferentes, el sabio los ve como iguales por la igualdad de su estupidez. Pues con que una sola vez se rebajase lo suficiente como para que lo afectase la injuria o el agravio, ya no podría nunca más estar seguro, y la seguridad es un bien particular del sabio, el cual nunca cometerá el error de honrar a aquel de quien ha recibido agravio admitiendo que lo ha recibido, pues de esto se sigue necesariamente que aquel que se inquieta por el desprecio de alguien, valoraría también su admiración.

XIV

Hombres hay poseídos de estolidez tan grande que creen poder recibir afrenta de una mujer. ¿Qué importa cómo sea esa mujer, cuántos esclavos lleven su litera, cuántos pendientes cuelguen de sus orejas o cuán blando sea su asiento? No por eso deja de ser un animal imprudente, y si no adquirido mucha ciencia y copiosos estudios, es una fiera de pasiones incontrolables. Algunos se molestan con los toscos modales de los peluqueros, y tienen por ofensa la negativa del portero de un gran personaje, la soberbia del nomenclátor, el ceño torvo del camarero. ¡Oh, qué grandes carcajadas deberían provocar esas ridiculeces y cómo se debe henchir de satisfacción el ánimo de quien contempla su propia tranquilidad y el hormiguero pululante de los errores ajenos! «Pues, qué, ¿no se acercará el sabio a las puertas que guarda un portero desabrido?». Si tiene necesidad, lo intentará, y sea el portero que fuere, lo amansará como a un perro mordedor con comida, y se resignará a hacer algún gasto para traspasar los umbrales, pensando que también en los puentes se paga el tránsito. También con algún regalillo ablandará a aquel otro, fuere quien fuere, que impuso un impuesto a las visitas: él sabe comprar lo que está para venderse en el escaparate. Ruin es quien se ufana de haber hablado con grosería al portero, de haberle roto la vara, de que fue a ver al dueño y pidió para él una azotaina. El que discute con el portero se hace rival del portero, y para vencerlo se pone a su altura. «¿Qué hará, pues, el sabio que recibe una bofetada?». Lo que hizo Catón cuando lo golpearon en la cara: no se sulfuró, no vengó la injuria, ni siquiera la perdonó, sino que negó que hubiese ocurrido. Mayor ánimo fue no reconocerla que perdonarla. No nos detendremos mucho en esto, porque ¿quién hay que ignore que el sabio no mira de la misma manera que los demás todas esas cosas que se tienen por buenas o por malas? Él no hace caso a lo que los hombres tienen por vergonzoso o ruin, no va allí adonde va la turba, sino que, de la misma forma que las estrellas siguen una ruta contraria a la del cielo, así él va contra la opinión de todos.

XV

Dejad, pues, de decir: «¿No recibirá el sabio injuria si le pegan, si le arrancan un ojo? ¿No recibirá afrenta si es acosado en el foro por los denuestos de los libertinos; si, en un banquete del rey, lo sientan en el peor sitio de la mesa y debe comer con los esclavos encargados de las tareas más ignominiosas; si se le obliga a sufrir alguna de esas cosas que solo con pensarlas ofenden el pudor de cualquier hombre honesto?». Por más que tales cosas crecieran en número y en magnitud, serán siempre de la misma naturaleza. Y si no lo afectan las cosas pequeñas, tampoco lo afectarán las grandes; si no lo afectan las pocas, tampoco lo afectarán las muchas. A partir de nuestra pequeñez os podéis formar una idea de cómo es un alma grande, y, tras calcular lo poco que podéis sufrir, podéis imaginar más allá la paciencia del sabio, pero a él su virtud lo colocó en otros confines del mundo, y no tiene nada en común con vosotros. Buscad las asperezas y todas las pesadumbres difíciles de tolerar, repulsivas al oído y a la vista: el sabio no quedará abrumado por su multitud, y, así como puede resistir cada una de ellas, las resistirá todas juntas. Aquel que dice que tal cosa es tolerable para el sabio y tal otra intolerable, y acota dentro de ciertos límites la grandeza de su espíritu, hace mal. La fortuna nos vence si no la vencemos por completo. No vayas a creer que esto es dureza estoica. Epicuro, a quien tomáis por patrón de vuestra apatía y pensáis que os enseña una doctrina blanda y perezosa que conduce al placer, dice: «Raras veces la fortuna coge por sorpresa al sabio». ¡Qué cerca estuvo de emitir una sentencia varonil! ¿Tú quieres hablar con más recio acento y excluirla radicalmente? Esta casa del sabio, estrecha, sin adornos, sin ruido, sin aparato, no está guardada por porteros que impongan con displicencia venal turno en la muchedumbre de visitantes, pero por este umbral vacío y libre de porteros no pasa la fortuna; sabe que no hay lugar para ella donde no hay nada que sea suyo.

XVI

Y si aun el mismo Epicuro, tan indulgente con el cuerpo, se alza con brío contra las injurias, ¿a quién de entre nosotros puede esto parecer increíble o fuera de la posibilidad de la naturaleza humana? Él dice que las injurias son llevaderas para el sabio; nosotros decimos directamente que para él esas injurias no existen. Y no hay razón para que digas que esto repugna a la naturaleza. No negamos que es cosa desagradable recibir azotes, empellones o sufrir la carencia de algún miembro, pero negamos que estas cosas sean injurias; no les quitamos la sensación del dolor, sino el nombre de injuria, que no se puede recibir mientras la virtud quede ilesa. Veremos cuál de los dos habla con mayor verdad; ambos convienen en el desdén por la injuria. ¿Preguntas la diferencia que hay entre uno y otro? La misma que hay entre dos gladiadores muy valientes, uno de los cuales se aprieta con las manos su herida y se mantiene en su puesto, mientras que el otro mira al pueblo clamoroso y le da a entender que su herida no es nada y no consiente que interceda en su favor. No pienses que es algo muy importante eso en lo que no estamos de acuerdo. Aquello de que se trata, que es lo único que os concierne, lo recomiendan ambos ejemplos, a saber, el desdén de las injurias y de los agravios a los que yo llamaría sombras y sospechas de injurias, para cuyo menosprecio no es necesario un hombre sabio, sino tan solo uno cuerdo, que se pueda decir a sí mismo: «¿Me sucede esto merecida o inmerecidamente? Si merecidamente, no es agravio, sino justicia; si inmerecidamente, la vergüenza de la injusticia ha de sufrirla quien cometió la injusticia. ¿Y a qué llamamos agravio? ¿A que bromeaste con mi calvicie, con mi miopía, con la delgadez de mis piernas, con mi estatura? ¿Qué agravio es ese de oír lo que está a la vista de todos? Nos reímos de lo que se dice delante de uno y nos indignamos si se dice delante de muchos, y no concedemos a los demás el derecho de decir aquellas cosas que acostumbramos a decirnos nosotros mismos. La burla moderada nos divierte, pero si se lleva demasiado lejos, nos enfadamos».

XVII

Refiere Crísipo que un hombre se indignó contra otro porque lo llamó «borrego marino». Y en el Senado vimos llorar a Fido Cornelio, yerno de Ovidio Nasón, porque Corbulón lo llamó «avestruz desplumado». Frente a otros denuestos que infamaban su vida y sus costumbres, su frente se mantuvo firme, y ante este tan absurdo se le cayeron las lágrimas, tan grande es la flaqueza del ánimo cuando se aparta de la razón. ¿Y qué decir si nos ofendemos cuando alguien imita nuestra forma de hablar o de caminar, o escarnece algún vicio nuestro del cuerpo o de la lengua? ¡Como si estos defectos se manifestaran más al imitarlos otros que teniéndolos nosotros! De mala gana oyen algunos hablar de vejez y de canas y otras cosas a las cuales se desea llegar; a otros los hace enrojecer la mención de su pobreza, que cualquiera que la esconde se echa en cara a sí mismo; así que a los bromistas y a los chistosos se les quita todo pretexto para hacer burlas y chanzas si ridiculizas antes tus propios defectos. Nunca dio lugar a que se riesen de él quien se rio el primero de sí mismo. Ha quedado constancia de que Vatinio, hombre nacido para que se riesen de él y lo odiasen, era un bromista ingenioso e impertinente. Él mismo hacía chistes sobre sus pies y sobre su cuello demasiado corto, y así se libró del sarcasmo de sus enemigos, que los tenía más numerosos que sus achaques, y sobre todo de la mordacidad de Cicerón. Si Vatinio consiguió esto con su cara dura y con los continuos denuestos, con los cuales aprendió a no avergonzarse, ¿por qué no podrá conseguirlo también el que con nobles estudios y con el cultivo de la sabiduría logra algún progreso moral? Añade a esto que es una especie de venganza sustraer al que hizo la injuria el sutil deleite de haberla hecho. Esos hombres suelen decir: «Qué mala suerte, no ha debido de entenderlo». Por tanto, el fruto de la injuria consiste en el sentimiento y en la indignación de quien la recibe. Por otra parte, más tarde o más temprano, el injuriador encontrará la horma de su zapato, y entonces se habrá encontrado a alguien que te vengue.

XVIII

Calígula, entre sus muchos vicios insultantes, estaba dominado por un extraño prurito de picar a cada uno con una palabra cáustica, a pesar de ser él mismo un tentador objeto para la risa, tanta era la fealdad de su palidez que daba indicios de locura; tanta la torcedura de sus ojos solapados bajo la frente de una vieja; tanta la deformidad de su cabeza pelada, sembrada de cabellos ralos; y añade a todo esto un cuello erizado de cerdas, la delgadez de sus piernas y la enormidad de sus pies. Sería el cuento de nunca acabar si quisiéramos referir cada una de las burlas que hizo contra sus padres, contra sus abuelos, contra gente de toda laya. Solo referiré aquellas anécdotas que fueron causa de su ruina. Asiático Valerio fue uno de sus amigos preferidos, un hombre muy violento e incapaz de sufrir con paciencia los agravios. Pues a este, en un banquete, que equivale a decir en plena asamblea, el emperador le echó en cara, en voz alta, las actitudes de su mujer durante el coito. ¡Oh, justos dioses, que un hombre tenga que oír que el emperador sabe esto, y que él, el emperador, le describa, no digo a un varón consular, ni a un amigo, sino a cualquier marido, su adulterio y su decepción con su esposa! Querea, tribuno militar, tenía una voz no indicada para su cargo, lánguida de timbre, y, si no se conociera la virilidad de sus actos, incluso sospechosa. A este, pues, siempre que Calígula le pedía el santo y seña, le daba unas veces el nombre de Venus y otras el de Príapo, y calificaba de afeminado a un soldado, y esto lo decía él, que se envolvía en tejidos transparentes, que iba delicadamente calzado y llevaba brazaletes de oro. Lo forzó, pues, a empuñar el hierro para no tener que pedirle nunca jamás la consigna: él fue el primero entre los conjurados que levantó la mano y lo hirió en medio de la nuca; luego, de todas partes surgieron infinitos puñales para vengar las injurias públicas y privadas, pero el que primero demostró que era un hombre fue el que menos lo parecía. Y el propio Calígula consideraba cualquier cosa una ofensa, hasta ese punto no las pueden sufrir los más deseosos de ofender. Se enfadó con Marco Herenio porque lo saludó con el nombre de Gayo, y el cabo de los centuriones sufrió un castigo porque lo llamó Calígula, a pesar de que era con este nombre, y con ningún otro, como se lo conocía en el ejército, pues nació en los campamentos y se crio entre legiones, pero una vez que se calzó el coturno, consideraba un oprobio y una afrenta el mote soldadesco de Calígula.

Nos servirá, pues, de consuelo, cuando nuestra mansedumbre prescinda de la venganza, pensar que no faltará quien castigue al lenguaraz, al soberbio y al injurioso, vicios que no se agotan en un solo hombre ni en una ofensa sola. Pongamos los ojos en los ejemplos de aquellos cuya paciencia alabamos, como Sócrates, que, ante las sátiras que públicamente le lanzaban en las comedias, se las tomaba a bien y se reía con ellas, no menos que cuando su mujer, Jantipa, lo roció con agua sucia. A Antístenes le reprochaban que su madre era extranjera y tracia, y él respondía que la madre de los dioses era del monte Ida.

XIX

No hay que descender al terreno de la riña y de la pendencia. Hay que huir muy lejos de ellas, por más que los insolentes nos provoquen (porque solo los insolentes pueden hacerlo); hay que desdeñarlos y considerar iguales los honores y las injurias del vulgo. Ni hemos de dolernos por estas, ni debemos alegrarnos por aquellos. De lo contrario, dejaremos de hacer muchas cosas necesarias por miedo a las ofensas o por despecho de haberlas recibido, y no cumpliremos con nuestros deberes indispensables, tanto públicos como privados, y alguna vez también omitiremos aquello que nos es saludable si nos tortura una aprensión femenil por haber oído algo que nos desanima. E, incluso, otras veces, airados contra los poderosos, descubriremos esa pasión al hablar con destemplanza. La libertad no consiste en no padecer nada; eso es un error. La libertad consiste en sobreponer el alma a las injurias y en volverse de tal forma que todo lo que ha de gozarse provenga de uno mismo; en desencarnarse de todas las cosas exteriores para no llevar la vida sobresaltada de quien teme la risa y las lenguas de todos los hombres. Porque ¿quién hay que no pueda hacer una ofensa si pueden hacerla todos? Pero el sabio y el aspirante a la sabiduría usarán diferentes remedios. A los imperfectos y a los que se dejan conducir por el juicio de la turba, se les debe advertir de que vivirán entre injurias y afrentas. Las contrariedades son más soportables para quienes las esperan. Cuanto más aventajado sea uno en linaje, en fama y en hacienda, tanto más valeroso se ha de mostrar, recordando que los primeros grados militares luchan en primera línea. Las afrentas, las palabras injuriosas, los insultos y restantes denuestos los sufre como gritos de enemigos y como armas lejanas y como piedras que, sin herir, zumban junto a los cascos; las injurias más grandes las aguanta como heridas, unas recibidas en la armadura y las otras en el pecho, sin caer a tierra y sin mover un pie de su puesto. Aunque te apriete y te presione duramente el enemigo, es vergonzoso ceder: defiende el puesto que te señaló la naturaleza. ¿Me preguntas qué puesto es ese? El de hombre. Para el sabio hay otro auxilio contrario a este, porque vosotros estáis en la pelea mientras que él tiene ya ganada la victoria. No os opongáis a vuestro bien y, mientras llegáis a la verdad, alentad en vuestro espíritu esta esperanza, aceptad de buena gana las más altas doctrinas y ayudadlas con vuestra opinión y con vuestros deseos: que haya alguien que sea invencible, que haya alguien en quien nada pueda la fortuna, es un interés de la gran república del linaje humano.

Sobre la brevedad de la vida

I

La mayor parte de los mortales, oh, Paulino, se queja de la malignidad de la naturaleza por habernos engendrado para un tiempo tan breve y porque este tiempo que se nos dio se escurre tan veloz, tan rápidamente, que, con excepción de muy pocos, a los restantes los destituye de la vida cuando estaban preparándose para ella. Y no es solo la turba y el vulgo imprudente quienes gimen ante esto, que creen un mal común; este sentimiento también ha provocado quejas de claros varones. De ahí viene aquella sentenciosa exclamación del príncipe de los médicos: «La vida es breve; el arte, largo». De ahí también aquella acusación de Aristóteles a la naturaleza, indigna de un hombre sabio: «Solo a los animales les ha otorgado vida con mano tan larga que la prolongan por cinco o diez siglos, y al hombre, a cambio, engendrado para tantas y tan grandes cosas, le ha impuesto un límite mucho más estrecho». Pero no es que tengamos poco tiempo, sino que perdemos mucho. Bastante larga es la vida, y más que suficiente para consumar las más grandes empresas si se hiciera de ella buen uso, pero se desperdicia en la disipación y en la negligencia, a ninguna cosa buena se dedica, y cuando llega la última hora inevitable, sentimos que se nos ha ido la vida, que no habíamos reparado siquiera en que corría. Y es así: no recibimos una vida corta, sino que nosotros la acortamos; ni somos de ella indigentes, sino derrochadores. Así como las riquezas, aun copiosas y regias, en un momento se disipan si están en manos de un mal dueño pero, confiadas a un buen administrador, aunque módicas, se acrecientan con su mismo uso, así también nuestra vida es harto espaciosa para quien la dispone buenamente.

II

¿Por qué nos quejamos de la naturaleza? Ella se ha portado bien con nosotros; nuestra vida es larga si de ella sabemos hacer buen empleo. A uno lo domina la insaciable avaricia; a otro, su hacendosa diligencia en tareas inútiles; el uno rezuma vino; el otro languidece en la inercia; un tercero lo agota su ambición, que pende siempre del juicio ajeno; a un cuarto, su temeraria codicia de negociar, que con el señuelo de la ganancia lo lleva por todas las tierras y todos los mares. A algunos los atormenta el prurito de las batallas y nunca cesan de preparar peligros ajenos y de ansiarse por los propios; y no faltan quienes en su ingrato obsequio de los superiores se consumen en una servidumbre voluntaria. A muchos les abrevió la vida la envidia de la fortuna ajena o el afanoso cuidado de la propia; la mayoría flotan agobiados de aquí para allá en proyectos siempre nuevos con una ligereza vaga, inconstante y displicente consigo misma. A muchos no les agrada ninguna dirección que puedan dar a su vida, y el destino los sorprende, marchitos y soñolientos, hasta el punto de no dudar de aquello que, a estilo de un oráculo, dijo el más grande de los poetas: «Pequeña es la parte de vida que vivimos». Pues el resto es tiempo y no vida. Los empujan y los rodean por todos lados los vicios y no les permiten erguirse ni levantar los ojos a la contemplación de la verdad, sino que los tienen sumidos y atascados en el fango de la concupiscencia y nunca les consienten volver a sí mismos. Y si, por ventura, en alguna ocasión les sobreviene la calma, como sucede en alta mar cuando, tras el viento, queda la mareta sorda, andan fluctuando sin que jamás sus pasiones les den estable reposo. ¿Piensas que hablo de aquellos cuyos males son públicamente conocidos? Fíjate más en aquellos otros cuya prosperidad atrae a la gente: en sus propios bienes se ahogan. ¡Para cuántos son pesadas las riquezas! ¡A cuántos la elocuencia, a fuerza de ostentar ingenio cada día, los hizo expectorar sangre! ¡Cuántos palidecen por sus voluptuosidades continuas! ¡A cuántos la densa turba de los clientes no les deja un momento de respiro! Recórrelos todos, en fin, desde los más bajos a los más encumbrados: este reclama defensa, este la da, aquel peligra, aquel aboga, aquel sentencia; nadie se pertenece a sí mismo, cada cual se consume por otro. Infórmate de aquellos cuyos nombres se aprenden de memoria y verás que son conocidos por estas señas: este rinde servicios a aquel, aquel a este; nadie es para sí. Finalmente, muy desatinada es la indignación de algunos: ¡se quejan del desdén de sus superiores porque no tuvieron tiempo de recibirlos cuando querían acercarse a ellos! ¿Osa alguno quejarse de la altanería de otro que no tiene un momento para sí? Y, sin embargo, aquel personaje, seas tú quien seas, alguna vez te miró —aunque con rostro insolente—, se inclinó para oírte, te admitió a su lado, y en cambio tú no te dignas a mirarte ni a oírte a ti mismo. No hay, pues, por qué tener por merecimientos delante de nadie haberle hecho esos buenos oficios, pues cuando lo hacías no era porque quisieses estar con otro, sino porque no podías estar contigo mismo.

III

Aunque en esto están de acuerdo todos los ingenios que han brillado en cualquier época, nunca se admirarán lo suficiente de esta ceguera del alma humana: no sufren los hombres que nadie ocupe sus terrenos, y, si surge la más pequeña diferencia acerca de la fijación de los confines, acuden a las piedras y a las armas, y, sin embargo, toleran mansamente que los otros invadan su vida, y hasta son ellos mismos quienes introducen a sus futuros poseedores. No se encuentra a nadie que quiera repartir su dinero, pero sus vidas las distribuyen entre muchos. Son estrictos en la guarda de su patrimonio, pero en lo que se refiere a perder su tiempo, son sumamente pródigos en este bien, el único en el que es honorable la avaricia. Por eso me gustaría reprender a alguno de la turba de los viejos: «Vemos que llegaste a lo postrero de la vida humana. Cien o más años te agobian; pues bien: llama a cuentas a tu existencia; computa qué porción de este tiempo se llevó tu acreedor, qué porción tu amiga, qué porción el rey, qué porción tu cliente, qué porción ocuparon las peleas con tu mujer, qué parte amonestar a los esclavos, qué parte las caminatas por la ciudad en cumplimiento de los deberes de la cortesanía; añade a esta suma las enfermedades que tú mismo provocaste; añade el tiempo que discurrió sin provecho, y verás como tienes menos años de los que cuentas. Haz memoria de cuántas veces perseveraste en un propósito, de cuántos días terminaron como tú querías, de cuántas veces sacaste provecho de ti mismo, de cuántas tu rostro mantuvo su tranquila dignidad, de cuántas tu alma no sucumbió a la cobardía, de cuántas obras terminaste en un plazo de vida tan largo, de cuántos te la han robado sin que tú te dieses cuenta, de cuánto te restó de ella el dolor vano, la necia alegría, la codiciosa avidez, la conversación complaciente, y cuán poco te quedó de lo que era tuyo. Entonces comprenderás que tu muerte es prematura». ¿Cuál es la causa de todo esto? Que vivís como si fuerais a vivir para siempre; que nunca os acordáis de vuestra fragilidad; que no medís el tiempo que ya ha transcurrido: lo perdéis como si tuvierais abundantes repuestos, cuando quizá el mismo día que entregáis a alguien o a algo es para vosotros el último. Teméis todas las cosas como si fuerais mortales, y todas las deseáis como si fuerais inmortales.

Oirás a muchos que dicen: «A los cincuenta años me retiraré a descansar, y a los sesenta dimitiré de mis cargos». ¿Y qué garantía tienes de que vas a vivir tanto? ¿Quién te autorizará para que eso ocurra como te propones? ¿No te avergüenzas de reservarte las sobras de la vida y de destinar al cultivo de la cordura solamente un tiempo que ya no puede consagrarse a ninguna otra cosa? ¡Oh, qué inoportuno es comenzar a vivir de manera razonable cuando ha de dejarse de vivir! ¡Qué necio olvido de nuestra mortalidad es retrasar a los cincuenta o los sesenta años los sanos propósitos y querer datar el comienzo de la vida desde una fecha a la que pocos llegan!

IV

Verás como de la boca de los hombres más influyentes y encumbrados salen expresiones que dan a entender que desean el reposo, que lo encarecen, que lo anteponen a cualesquiera otro bien. Y, mientras, ansían apearse de su altura, a ser posible con seguridad, porque la fortuna, sin que ningún embate externo la sacuda ni ninguna conmoción interna la haga crujir, se rinde a su propia pesadumbre. El divino Augusto, a quien los dioses favorecieron con mayor generosidad que a ningún otro mortal, no cesó nunca de desear el reposo y de pedir quedar exento de los cuidados de la república. Todas sus conversaciones volvían siempre a esa idea fija del descanso, y con esa esperanza, siempre halagüeña, aunque ilusoria, consolaba sus cuitas pensando que alguna vez iba a vivir para sí mismo. En cierta carta suya enviada al Senado, en la cual prometía que su ocio no perdería dignidad ni desdiría de su anterior gloria, hallé estas palabras: «Pero estas cosas son más bellas de hacer que de prometer; no obstante, el anhelo de esa época tan deseada me impele a saborear por anticipado un poco de la dulzura de las palabras, ya que la alegría de la realidad está lejana todavía». El reposo se le antojaba una felicidad tan apetecible, que, ya que no podía gozarlo, lo disfrutaba con el pensamiento. Aquel hombre que veía que todas las cosas dependían de él, al que la fortuna había hecho árbitro de hombres, de naciones, pensaba con ilusión en el día en que se despojaría de su grandeza. Sabía por experiencia cuánto sudor y cuánta fatiga costaban aquellos bienes que por todas las tierras resplandecían, y el gran número de preocupaciones secretas que ocultaban. Obligado a empuñar las armas primero contra los ciudadanos, luego contra sus colegas y por fin contra sus parientes, había derramado sangre por tierra y por mar. Llevado por la guerra a Macedonia, a Sicilia, a Egipto, a Siria, a Asia y a casi todas las costas del mundo, dirigió sus ejércitos, ahítos de sangre romana, a guerras en el exterior. Mientras apacigua los Alpes y domeña a los enemigos que se habían infiltrado para perturbar la paz y el imperio, mientras extiende sus fronteras más allá del Rin, del Éufrates y del Danubio, en la misma Roma se afilaban contra él los puñales de Murena, de Cepión, de Lépido, de Egnacio y de otros. No bien se hubo librado de estas acechanzas, su hija y tantos jóvenes nobles ligados tanto por el adulterio como por un juramento aterrorizaron su ya quebrantada edad; Julo estaba entre ellos, y el renovado temor de aquella mujer ayuntada con Antonio. Amputadas estas úlceras junto con los miembros, nacían otras; como un cuerpo pletórico de sangre, siempre se rompía por una u otra parte. Por eso deseaba el reposo; esperándolo y pensando en él, se aligeraban sus trabajos. Ese era el deseo de un hombre que podía colmar los deseos de todos los hombres.

V

M. Cicerón, agobiado entre los Catilinas y los Clodios, entre los Pompeyos y los Crasos, en parte enemigos manifiestos, en parte amigos dudosos, mientras fluctúa a la par que la república y la detiene cuando se iba a arruinar, y, finalmente, viéndose arrastrado con ella al precipicio, ni tranquilo en la prosperidad ni paciente en la adversidad, ¡cuántas veces hubo de abominar de aquel consulado suyo, celebrado por él no sin razón, pero sí sin mesura! ¡Qué lastimosos alaridos lanza en una carta a Ático, cuando, vencido ya Pompeyo padre, todavía el hijo atizaba en Hispania el ardor de sus armas derrotadas! «¿Me preguntas —dice— qué hago? Paso el tiempo en mi villa de Túsculo, libre a medias». Añade después que deplora la edad pasada, se queja de la presente y desespera de la venidera. Libre a medias, se proclama Cicerón; pero, por Hércules, jamás un sabio se rebajaría a adoptar un adjetivo tan deprimente; jamás será libre a medias; siempre su libertad será sólida y total, será libre e independiente y estará más elevado que los demás. ¿Qué podría haber por encima de quien está por encima de la fortuna?

VI

Livio Druso, varón acerado y violento, habiendo con sus leyes nuevas promovido la sedición de los Gracos, rodeado de una ingente multitud venida de toda la Italia, al no ver el resultado de una empresa que ni se podía llevar adelante ni desistir de ella una vez comenzada, cuentan que maldijo su vida agitada desde su comienzo y dijo que era el único al que, ni aun de muchacho, le tocó día de fiesta o asueto. Y así era; estando todavía bajo tutor y vestido de pretexta, se atrevió a recomendar reos a los jueces e interpuso en el foro su influencia, y, por cierto, con eficacia tal que consta que algunos juicios fueron notoriamente impuestos por él. ¿Hasta dónde podría llegar una ambición tan temprana? Era previsible que una audacia tan precoz había de reportar males sin cuento, privados y públicos. Tardíamente, pues, se quejaba de no haber disfrutado de vacación alguna desde su niñez, sedicioso y peligroso en el foro como era de muchacho. Se discute si él mismo se quitó la vida, pues cayó súbitamente abatido por una gran herida en la ingle; no falta quien duda de que su muerte fuera voluntaria, pero nadie duda de que fue oportuna. Superfluo es recordar a otros muchos que, aunque los demás les parecían más felices, dieron verídico testimonio de sí y maldijeron el drama de su vida, pero estas quejas no cambiaron a nadie, ni aun a ellos mismos, pues, una vez que las palabras han sido proferidas, el corazón recae en los viejos hábitos.

Vuestra vida, por Hércules, aunque sobrepase los mil años, se contraerá a un espacio brevísimo, pues estos vicios devorarán todos los siglos; mas, ese otro espacio, que aunque la naturaleza lo atraviese corriendo, la razón lo dilata, por fuerza se os escurrirá muy deprisa, pues no lo agarráis, ni lo retenéis ni conseguís retardar la más veloz de todas las cosas, sino que dejáis que corra como cosa superflua y que puede recobrarse.

VII

En primer lugar, cuento a aquellos que solo se dedican al vino y al placer; nadie hay tan vergonzosamente ocupado como ellos. Los otros viciosos, aunque les encante el señuelo de la vanagloria, yerran con alguna apariencia de dignidad; podrías nombrar a los avaros, si quieres, a los iracundos, a los que ejercitan odios o guerras injustas: pero todos estos pecan con una virilidad mayor, y la deshonra de esos que se sumieron en la glotonería o en la lujuria es infamante. Averigua el uso que de su tiempo hacen esos; observa cuánto tiempo invierten en cálculos, cuánto en acechanzas, cuánto en temores, cuánto en obsequiosidades; cuánto tiempo les llevan los pleitos ajenos y los propios, cuánto tiempo dilapidan en banquetes, que ya vienen a ser deberes para ellos, y verás como ni sus males ni sus bienes los dejan respirar. Finalmente, convienen todos en que el hombre así ocupado no puede practicar bien ninguna profesión, ni la elocuencia, ni las artes liberales, pues el espíritu distraído no profundiza en nada, sino que todo lo escupe, porque está harto. El hombre agobiado de quehaceres de lo que menos se ocupa es de vivir, y la ciencia del vivir es la más difícil. Maestros de las otras artes se encuentran en profusión, aunque hay niños que han aprendido tan bien algunas de ellas que están en disposición de enseñarlas. Sin embargo, vivir se ha de aprender toda la vida, y lo que acaso te sorprenderá más: toda la vida se ha de aprender a morir. Muchos varones de los de mayor rango, habiendo dejado todos los estorbos y renunciado a riquezas, cargos y placeres, solo se ocuparon de una cosa hasta su más provecta vejez: poseer la ciencia de la vida. Y, aun así, casi todos dejaron la vida confesando que todavía no la sabían. ¡Cuánto menos la sabrán esos otros! Créeme, es propio del hombre más eminente, del que alza su cabeza por encima de los errores humanos, no dejar que caiga en el vacío la más pequeña partícula de su tiempo, y por eso su vida es sumamente larga, pues dedica toda la extensión de esta a su propio cuidado. Por ende, nada ha quedado inculto ni baldío, nada se ha cedido a otro, porque, celoso guardián, nada ha hallado digno de trocar por su tiempo. Por eso ha tenido tiempo suficiente, aunque es inevitable que falte a aquellos de cuya vida los demás se llevaron una gran parte. No pienses que alguna vez no comprenden su pérdida, y, aun así, oirás a casi todos aquellos a los que agobia una gran prosperidad exclamar de cuando en cuando, entre las piaras de sus clientes, el ajetreo de los procesos y otras miserias honorables: «No se me permite vivir». ¿Y cómo había de permitírsele? Todos aquellos que te llaman en defensa suya te sustraen de ti mismo. Aquel acusado, ¿cuántos días te quitó? ¿Cuántos aquel candidato? ¿Cuántos aquella vieja cansada de enterrar herederos? ¿Cuántos aquel que se fingía enfermo para incitar la avaricia de los que acechaban su herencia? ¿Cuántos aquel amigo poderoso que te festeja no por amistad, sino por ostentación? Cuenta, vuelvo a decirte, y repasa los días de tu vida; verás como son muy pocos, y los que te quedaron son meras sobras. Aquel, después de haber conseguido los haces, desea dejarlos, y dice a menudo: «¿Cuándo se acabará este año?». El otro organiza juegos cuya encomienda le pareció una suerte, y exclama: «¿Cuándo me escaparé de esto?». Tal abogado es empujado al foro por un gran gentío, y dice a voz en cuello: «¿Cuándo vendrán las vacaciones?». Todos precipitan su vida y, hastiados del presente, son acuciados por el deseo del futuro. Pero aquel que gasta todo su tiempo en su personal utilidad, que dispone como una vida compendiosa cada uno de sus días, ni desea ni teme el mañana. ¿Qué placer inédito puede reportarle una nueva hora? Todo lo conoce ya, todo lo ha gustado hasta la saciedad. Lo restante lo dispondrá a su antojo la fortuna; la vida ya está asegurada. Podrá añadírsele algo; sustraérsele, nada; y aún añadírsele como un nuevo bocado a quien ya está lleno y harto, que ni lo desea ni lo toma. Por tanto, no has de decir que vivió mucho porque tiene canas o arrugas; no vivió mucho, sino que duró mucho. ¿Pensarás acaso que ha navegado mucho aquel a quien una brava tempestad lo asaltó ya a la salida del mismo puerto y lo llevó agobiado de aquí para allá y el antojo de los vientos contrarios enfurecidos lo hizo girar en un remolino? No, no es que haya navegado mucho, sino que se ha mareado mucho.

VIII

Suelo maravillarme de ver cómo algunos piden tiempo y de que aquellos a quien se lo piden lo dan fácilmente. Unos y otros miran solo aquello por lo cual piden el tiempo, pero ninguno mira el tiempo mismo. Se pide como si fuera una nadería, y como una nadería se da; se juega con la cosa más preciosa del mundo; y lo que engaña es que el tiempo es incorpóreo, no impresiona la vista, y por eso se lo tiene por cosa despreciable, o incluso de valor nulo. Con suma complacencia perciben los hombres sueldos anuales, y por ellos alquilan su trabajo, sus servicios, su diligencia; nadie estima el tiempo: todos lo malversan como si fuera cosa gratuita. Mas estos mismos, si se ponen enfermos y les ronda la muerte, se abrazan a las rodillas de los médicos; si temen la pena capital, se muestran dispuestos a dar todos sus bienes a cambio de prorrogar su vida; tanta es la contradicción de sus sentimientos. Y si fuese posible mostrarles el número de años que les quedan, como se les puede mostrar los que ya han vivido, ¡cómo temblarían los que viesen ya disminuida y casi agotada su reserva, y con qué mano tan avara los administrarían! Es cosa fácil, sin duda, administrar aquello que, aunque exiguo, está a salvo; pero con ahorro mayor debe guardarse aquello que ignoras cuándo faltará. No creas, sin embargo, que aquellos hombres ignoran la carestía del tiempo, pues tienen costumbre de decir a quienes aman apasionadamente que de buen grado darían por ellos una porción de sus años; los dan, pero estúpidamente; los dan de tal manera que se despojan de ellos sin utilidad para nadie. Pero ellos mismos ignoran que se los quitan, y por eso les resulta soportable ese deterioro y esa pérdida invisible. Nadie restituirá tus años; nadie te devolverá a ti mismo. Seguirá su camino la vida y no modificará su dirección ni detendrá su andadura; no hará ningún ruido, no te avisará de su velocidad; se deslizará en silencio. No se alargará ni por mandato real ni por el favor del pueblo; correrá con la misma prisa con que el primer día se puso en marcha; no se desviará, no se detendrá. ¿Y qué ocurrirá? Que tú estás descuidado y la vida se apresura; y entretanto se presentará la muerte, para la cual, quieras o no quieras, hay que hacer tiempo.

IX

¿Puede haber algo más insensato que el sentido de algunas personas, y me refiero a los hombres que se precian de prudentes? Están demasiado intensamente ocupados para vivir mejor; ordenan la vida a expensas de la misma vida; urden sus planes a plazo largo, aunque la dilación es la mayor pérdida de la vida. Esta suprime siempre el día actual y, bajo promesa de tiempos futuros, escamotea los presentes. La rémora mayor de la vida es la espera que depende del día de mañana y pierde el de hoy. Dispones de aquello que está en manos de la fortuna y desechas lo que está en la tuya. ¿Adónde miras? ¿Hasta cuándo piensas vivir? Todo lo que está por venir se asienta en terreno inseguro: vive desde ahora. Oye cómo clama el mayor de los poetas, quien, como inspirado por divina boca, canta aquel verso saludable:

El mejor día de la vida es el que huye el primero de los míseros mortales.

«¿Por qué vacilas —dice—, por qué te detienes? Si no lo atrapas, huye». Y, si lo atrapas, huirá también, así que hay que competir en rapidez con la celeridad del tiempo útil; hay que beber a toda prisa de ese torrente raudo, que no correrá para siempre. Y el poeta, muy hermosamente, para reprobar la vacilación interminable, no dice la mejor época, sino el mejor día. ¿Por qué tú, amodorrado en medio de tan rapidísima carrera del tiempo, te prometes con tanta seguridad una larga serie de meses y años, al capricho y a la medida de tu avidez? De un día te habla el poeta, y aun de un día fugitivo. ¿Y quién duda de que el día mejor, que es siempre el primero que se goza, huye de los mortales míseros, es decir, frívolamente atareados? Sus ánimos pueriles están agobiados por la vejez, a la cual llegaron desprevenidos y desarmados; nada previeron; bruscamente, y sin darse cuenta, cayeron en ella, pues no sentían cómo iba acercándose cada día. Así como una conversación o una lectura o una meditación intensa engañan a los que están de viaje y estos se dan cuenta de que han llegado antes de ver que se acercaban, así también este continuo y velocísimo viaje de la vida, que andamos a paso igual dormidos o despiertos, no lo perciben los atareados hasta el final.

X

Si yo quisiera distribuir en partes y argumentos lo que he propuesto hasta ahora, se me ocurrirían muchos para demostrar que la vida de los atareados es sumamente corta. Acostumbraba a decir Fabiano, que era todo un filósofo, no de los profesionales que sientan cátedra, sino de los auténticos y antiguos, que contra las pasiones se ha de luchar no con impetuoso denuedo, sino con astucia sutil, pero que su hueste ha de ponerse en fuga no con pequeños ataques, sino con amplias cargas; que no bastan las estratagemas, pues es menester aplastarlas, no pellizcarlas. No obstante, para reprobar a los hombres su error, hay que ilustrarlos y no simplemente compadecerlos.

En tres épocas se divide la vida: la que fue, la que es y la que será. De estas tres, la que vivimos es breve; la venidera es dudosa; la que hemos vivido es cierta e irrevocable. Contra esta última perdió la fortuna todos sus derechos, puesto que no puede volver a voluntad de nadie. Esta la pierden los atareados, pues no tienen espacio para mirar atrás, y si lo tienen, les resulta desagradable el recuerdo de aquello de lo que han de arrepentirse. Solo a la fuerza vuelven su ánimo al tiempo mal empleado, y no se atreven a recordarlo porque la evocación de sus vicios, aun en aquellos que disimulaba el halago del placer entonces presente, los pone en evidencia. Nadie, excepto aquel que siempre obró bajo su propia censura, que no se engaña jamás, se gira con gusto a mirar el tiempo que pasó. Por fuerza temerá sus propios recuerdos aquel que ambiciosamente codició muchas cosas, que fue desdeñoso con altanería, que no se moderó en la victoria, que engañó con insidia, que arrebató con avaricia, que malversó con despilfarro. Y, aun así, esta es un parte sagrada e irrenunciable de nuestro tiempo, exenta de todas las eventualidades humanas, sustraída al imperio de la fortuna, imperturbable a los ataques de la pobreza, del miedo, de las enfermedades. No puede ser ni perturbada ni arrebatada; su posesión es perpetua y libre de toda zozobra. Los días solo están presentes uno a uno, y solo por momentos; pero todos los días del tiempo pasado, si se lo ordenas, acudirán y dócilmente se presentarán a tu examen y se detendrán todo el tiempo que quieras, pero para eso no tienen tiempo los atareados. Es propiedad del alma segura y sosegada discurrir por todos los tiempos de la vida; el espíritu de los atolondrados, como están bajo el yugo, no se puede doblar para mirar atrás. Su vida, pues, se va escurriendo en un pozo, y así como por más líquido que viertas nada aprovecha si debajo no hay un recipiente que lo recoja y lo conserve, así tampoco importa nada el caudal de tiempo que se te dé si no hay donde se deposite: se escurre a través de los corazones debilitados y agujereados. El tiempo presente es brevísimo, y tanto es así que algunos han negado su existencia, pues siempre está en curso, siempre fluye y se precipita; antes de que llegue, ya deja de ser, y no admite más detención que el universo y las estrellas, cuyo incesante movimiento no se detiene nunca en una misma posición. Los atareados solo tienen, pues, el tiempo presente, que es tan efímero que no se puede agarrar, y, ocupados en toda suerte de negocios, aun este mismo se les escapa.

XI

Finalmente, ¿quieres saber de qué manera no viven largo tiempo? Fíjate en cómo desean una vida larga. Los viejos decrépitos mendigan unos pocos años de prórroga; se fingen más jóvenes de lo que son; se halagan con la blanda mentira de esta lisonja, y tan a gusto se engañan como si engañasen también a los hados. Pero si algún achaque les recuerda su mortalidad, se mueren del susto, no como si saliesen de la vida, sino como si los sacasen de ella. Proclaman su insensatez por no haber vivido y, si salen de la crisis, dicen querer vivir en la quietud, y comprenden cuán en vano han obtenido aquello de lo que no gozaron y cuán en el vacío cayeron todos sus sudores. Y aquellos otros cuya vida discurre alejada del ajetreo de los negocios, ¿cómo no habrán de tener una vida larga? Ni un átomo de ella cedieron a otro; nada disiparon por aquí y allá; nada entregaron a la fortuna; nada se perdió por su negligencia; nada se sustrajo por su prodigalidad; nada les quedó baldío y superfluo; toda entera, por decirlo así, se invirtió bien. Así, por breve que sea, es más que suficiente; por ello, cuando llega el último día, el sabio no titubea en caminar hacia la muerte con paso recio y firme.

XII

Me preguntarás, quizá, cuáles son los hombres a quienes llamo atareados. No creas que solo llamo así a aquellos a quienes hay que echar los perros para que desalojen la sala del tribunal; a los que ves estrujados de honores por la turba de sus secuaces o de injurias por la de sus enemigos; aquellos a quienes sus deberes sacan de su casa para ir a romperse a las puertas de otras casas; aquellos a quienes atrae la lanza del pretor con la esperanza de una infame ganancia que algún día les supurará como una pústula. Hombres hay para los que el propio ocio es atareado; en su villa o en su lecho, en medio de la soledad, a pesar de estar apartados de todos, son insoportables para sí mismos, y su vida no puede llamarse ociosa, sino ocupación desidiosa. ¿Llamarás tú ocioso a aquel que con escrupuloso mimo arregla y clasifica vasos corintios, que la manía de algunos ha vuelto preciosos, y consume la mayor parte de los días con unas planchas oxidadas? ¿A aquel que se sienta allí donde se engrudan con aceite los adolescentes del gimnasio (porque,

¡oh, desgracia, ni siquiera nuestros vicios son ya romanos!) a contemplar a los jóvenes combatientes? ¿A aquel que se entretiene en clasificar por edad y color las cabezas de sus yeguadas? ¿A aquel que festeja con banquetes a los atletas triunfantes en la última competición? ¿Qué más? ¡Llamas ociosos a aquellos que se pasan muchas horas en el barbero mientras les recortan algún pelillo que les nació la noche pasada, hablando sobre cada uno de sus cabellos, volviendo a componer la cabellera ya lacia o repartiendo sobre la frente por igual la melena rala, que se enojan si el barbero es un poco negligente, si olvida que está trasquilando a todo un hombre, que se enfurecen si algún pelo les queda fuera de lugar, si no caen todos en sus propios rizos? ¿Quién hay de estos que no prefiriera una sedición en la república a un desorden en su atuendo capilar? ¿Quién no se preocupa más de la elegancia de su cabeza que de su salud? ¿Quién no prefiere que lo acicalen a que lo honren? ¿Ociosos llamas tú a esos hombres, tan atareados entre peines y espejos? ¿Qué te parecen aquellos que se esfuerzan por componer, oír, aprender tonadillas, que tuercen sus voces de hombre —cuyo recto uso hizo la naturaleza tan bueno y tan simple— con las inflexiones de una melodía insípida; que escanden siempre con el chasquido de sus dedos algún verso que miden para sí mismos; que tararean siempre en voz baja aun cuando se ocupan de negocios serios y hasta tristes? No tienen estos ocio, sino negocios inútiles. Por Hércules, no pondría yo entre los ratos de descanso los banquetes de estos hombres, puesto que veo con cuánta solicitud ponen en orden la vajilla de plata, con cuánta diligencia ciñen la túnica de sus espigados donceles, cómo andan preocupados por la manera en que servirá el jabalí el cocinero y por la rapidez con que, a una señal, los depilados esclavos corran a obedecer sus órdenes; por el arte con que serán trinchadas las aves en pedazos no demasiado grandes; por el cuidado con que los infelices esclavos limpien los esputos de los borrachos. Con estas exquisiteces se cobra reputación de elegancia y de magnificencia, y hasta tal punto acompañan los vicios a tales hombres por todos los trances de la vida que ni beben ni comen sin vanidosa ostentación.

Tampoco contarás entre los ociosos a quienes se hacen llevar de un lado a otro en silla o en litera y se hacen llevar de esta manera a una hora determinada, como si faltar a la cita diaria fuese algo pecaminoso; ni a aquellos a quienes otro advierte cuándo han de lavarse, cuándo han de nadar, cuándo han de cenar, y hasta tal punto se abandonan a la languidez de su alma delicada que ni aun por sí mismos pueden saber si tienen apetito. Oigo decir de alguno de estos enervados por las delicias —si delicias ha de llamarse a desaprender la vida y las costumbres humanas— que, al sacarlo del baño en brazos y colocarlo en la silla, preguntó: «¿Ya estoy sentado?». ¿Crees tú que ese que no sabe si está sentado sabe si vive, si ve, si está ocioso? No me sería fácil decir qué da más lástima, que lo ignorase realmente o que fingiese ignorarlo. Experimentan, es cierto, el olvido de muchas cosas, pero el olvido de otras muchas lo simulan. Algunos vicios los deleitan como si fuesen pruebas de la vida feliz, pues parece ser propio de hombre villano y despreciable saber qué hace uno. Y ahora ve y afirma que los cómicos exageran cuando ridiculizan nuestra molicie. Por Hércules, más cosas pasan por alto que las que se inventan, y la copiosa invención de increíbles vicios de esta época —solo inventiva para eso— ha llegado tan lejos que ya podemos reprender a nuestros cómicos por negligencia. ¡Que exista un hombre tan disuelto en la molicie que deba saber por otro si está sentado! Este no es un ocioso; otro mote has de imponerle: es un enfermo, un muerto. Ocioso es aquel hombre que tiene conciencia de su ocio. Mas ese medio cadáver que necesita que otro le indique la posición de su cuerpo para saberla, ¿cómo puede ser señor de ningún tiempo?

XIII

Sería una tarea muy prolija la de ir siguiendo uno por uno a todos aquellos que consumieron su vida con el juego de los ladrones o con la pelota o el cuidado de tostarse la piel con los rayos del sol. No son ociosos aquellos cuyos placeres les dan mucho trabajo. Porque nadie duda de que hacen algo trabajosamente los que se entregan a inútiles erudiciones, de los cuales hay una gran multitud entre los romanos. Manía fue de los griegos averiguar el número de remeros que tuvo Ulises, si se escribió antes la *Ilíada* o la *Odisea*, si son del mismo autor y otras cosas de igual monta que si te las guardares para ti en nada ayudan tu íntima conciencia, y, si las revelases, no parecerías más docto sino más irritante. He aquí que también a los romanos los ha invadido el estéril afán de adquirir conocimientos inútiles. Estos días oí a uno que contaba qué había hecho el primero cada general romano: Duilio fue el primero que venció en una batalla naval; Curio Dentato fue el primero que llevó elefantes en su triunfo. Y aun estas cosas, aunque no conduzcan a la auténtica gloria, versan, no obstante, sobre casos ejemplares de civilidad. Es una erudición que no aporta ningún provecho, pero nos recrea con la graciosa futilidad de estos conocimientos.

Concedamos también que estos curiosos indaguen cuál fue el primero que persuadió a los romanos de subir a una nave. Fue Claudio, a quien se le dio el apodo de *Caudex*, porque varias tablas ensambladas recibían entre los antiguos el nombre de *caudex*, de donde procede que a las tablas públicas se las llame «códices» y que aún hoy en día se llame *codicaria* a los barcos que transportan provisiones por el Tíber. Y no está, ciertamente, fuera de lugar saber que Valerio Corvino fue el primero que se apoderó de Mesina y el primero también de la familia de los Valerios que, adoptando el nombre de una ciudad tomada, se llamó Mesana, que luego se convirtió en Mesala por una paulatina mutación de letras operada por el pueblo. ¿Permitirás también que alguno de estos eruditos se preocupe de si fue Sila el primero que presentó en el circo leones sueltos, cuando hasta entonces salían atraillados, y que para acabar con ellos envió arqueros el rey Boco? Permítasele esto también. Pero que Pompeyo fuese el primero que en el circo ofreció al pueblo un combate de dieciocho elefantes, lanzando contra ellos un pelotón de hombres inocentes ordenados como en batalla, ¿es de algún provecho saberlo? El primer ciudadano de Roma, según es fama, de bondad eximia entre los principales ciudadanos de la antigüedad, tuvo por memorable espectáculo una manera nueva de hacer morir hombres. ¿Combaten? Es poco. ¿Son heridos? Es poco. Que mueran aplastados por bestias de una corpulencia descomunal. Mejor sería sumir en el olvido esas hazañas, no fuese que algún poderoso sintiese envidia y quisiera emular actos nada humanitarios. ¡Oh, con cuánta niebla ofuscó nuestros espíritus la prosperidad excesiva! Él creyó estar encumbrado sobre la naturaleza cuando lanzó a un puñado de hombres miserables contra unas bestias nacidas bajo otro cielo, al concertar luchas entre animales de fuerzas tan dispares, cuando tanta sangre hacía derramar al pueblo romano, a quien harto pronto obligaría a derramar más aún. Pero él mismo, más tarde, traicionado por la perfidia alejandrina, ofreció su pecho para que lo traspasara el puñal del último de sus esclavos. Entonces entendió por fin cuán hueca sonaba la grandeza de su nombre.

Pero, para volver al asunto del que me he apartado y demostrar lo superfluo que es el atropellado quehacer de algunos en otras cuestiones: contaba aquel mismo de antes que Metelo, triunfador en Sicilia de los vencidos cartagineses, fue el único romano que llevó ciento veinte elefantes cautivos ante su carroza triunfal; que Sila fue el último de los romanos que agrandó el recinto de la ciudad, algo acostumbrado en los antiguos, pero nunca por adquisición de territorio provincial, sino dentro de Italia. Más aprovecha saber eso que saber que el monte Aventino se encuentra fuera del recinto, como aquel afirmaba, por una de dos causas, o porque el pueblo se retiró allí, o porque Remo, que fue a aquel lugar a consultar las aves, no obtuvo augurio favorable, y otras cosas sin cuento que, o están repletas de mentiras, o al menos parecen mentiras. Porque, aun concediendo que lo digan de buena fe y que escriban a vista de las pruebas, ¿los errores de quién disimularán? ¿Las pasiones de quién enmendarán? ¿A quién harán más fuerte, a quién más justo, a quién más liberal? Por eso decía nuestro amigo Fabiano que dudaba de si era mejor abstenerse de todo estudio que enredarse en averiguaciones de esta suerte.

XIV

Los únicos ociosos son los que se consagran a la sabiduría; estos son los únicos que viven, pues no solamente aprovechan bien el tiempo de su existencia, sino que a la suya añaden todas las otras edades; toda la serie de años que antes de ellos se desplegó la adquieren ellos. Si no somos ingratos en grado superlativo, hemos de reconocer que los ilustres fundadores de las venerables doctrinas nacieron para nosotros, a nosotros nos prepararon la vida. Por el trabajo ajeno somos iniciados en aquellas hermosísimas verdades que ellos sacaron de las tinieblas a la luz; ninguna época nos ha sido vedada, en todas se nos admite, y si nuestra grandeza de espíritu se huelga de salir de las estrecheces de la debilidad humana, mucho tiempo tenemos donde campear y espaciarnos. Se nos permite disputar con Sócrates, dudar con Carnéades, descansar con Epicuro, vencer con los estoicos la naturaleza humana, y superarla con los cínicos. Ya que la naturaleza nos permite caminar en compañía de todas las épocas, ¿por qué no entregarnos con toda el alma desde este breve y caduco tránsito del tiempo a aquellas cosas que son inmensas, que son eternas, que tenemos en común con los mejores espíritus? Esos que van siempre atareados por sus deberes, que se inquietan a sí mismos y a los demás, cuando ya se han vuelto locos, cuando han recorrido todos los umbrales, sin pasar de largo por ninguna puerta abierta, cuando han repartido sus saludos no desinteresados en las casas más diversas, ¿a cuántas personas habrán podido ver en una ciudad tan populosa y tan agitada por infinitas concupiscencias? ¿Cuántos serán aquellos a quienes el sueño o la lujuria o la dureza de corazón habrán privado de recibirlos? ¿Cuántos los que, tras el tormento de una larga espera, serán desairados so pretexto de una ocupación urgente? ¿Cuántos evitarán la salida por el atrio atestado de clientes y se escaparán por una puerta falsa, como si no fuese más inhumano engañar que excluir? ¿Cuántos medio dormidos y mustios de la juerga de la noche pasada, al nombre de esos infelices que han interrumpido su sueño por esperar el de otro, a aquel nombre susurrado mil veces a media voz responderán con un bostezo insolentísimo? De quienes debemos decir que se consagran a deberes auténticos son quienes, con cotidiano afán, se esfuerzan por contraer la más estrecha familiaridad con Zenón, con Pitágoras, con Demócrito y con los restantes maestros de las buenas doctrinas, con Aristóteles y con Teofrasto. Ninguno de estos dejará de ser libre; ninguno se despedirá de ellos sin sentirse más feliz y más satisfecho; ninguno permitirá que se aleje con las manos vacías; día y noche tienen la puerta abierta a todos los mortales.

XV

Ninguno de estos te obligará a morir, pero todos te enseñarán a morir; ninguno te hará perder tus años, antes bien cada cual te prestará los suyos; ninguno trabará contigo conversaciones peligrosas, ni te ofrecerá una amistad funesta, ni te hará pagar caro su respeto. Tendrás de ellos todo lo que quieras; por ellos no quedará que tomes tanto cuanto puedan contener tus brazos. ¡Qué felicidad, qué hermosa ancianidad le está reservada a quien se incluye en su clientela! Tendrá alguien con quien deliberar sobre las cosas más pequeñas y las más grandes, con quien podrá consultar cada día acerca de sí mismo, de quien oirá la verdad sin injuria, de quien será alabado sin adulación; tendrá un ejemplo con el que formarse. Solemos decir que no estuvo en nuestra mano la elección de nuestros padres, que nos fueron dados por la suerte, pero depende de nuestra voluntad nacer a nosotros mismos. Existen numerosas familias de nobilísimos ingenios. Escoge aquella en la que quieras ser adoptado; su adopción no te dará solo el nombre, sino también los bienes, que no tendrás que guardar con avaricia y mezquindad, pues se acrecentarán cuanto mayor sea el número a quien los distribuyas. Ellos te abrirán el camino de la eternidad y te situarán en aquella altura de la cual nadie podrá derribarte. Esta es la única manera de dilatar nuestra vida mortal, o mejor, de traducirla en inmortalidad. Honores, monumentos, todo lo que impusieron los decretos o que construyó su laboriosa diligencia se arruina pronto; todo lo arruina y lo remueve una larga vejez; pero ningún daño puede causar a aquello que ha consagrado la sabiduría; ninguna edad lo abolirá, ninguna lo disminuirá, la edad siguiente y las edades que vengan tras ella añadirán veneración mayor a la que ya tenían; puesto que la envidia mora en nuestra vecindad y admiramos con mayor pureza las cosas alejadas. Muy espaciosa es, pues, la vida del sabio, y no la encierra el mismo límite que a las otras. Solo el sabio está exento de las leyes del género humano; todos los siglos se someten a él como ante un dios. ¿Que un tiempo ya ha pasado? Él lo capta mediante el recuerdo. ¿Que está presente? Lo utiliza. ¿Que es venidero? Lo disfruta por anticipado. Larga hace su vida la fusión de todos los tiempos en uno solo.

XVI

Brevísima y agitadísima es la vida de aquellos que olvidan el pasado, descuidan el presente y temen el futuro. Cuando llegan a sus últimos momentos, los desgraciados comprenden, demasiado tarde, que se han afanado toda su vida para nada. Y no porque algunas veces invoquen a la muerte has de sacar la conclusión de que su vida es larga; su frenesí los agita con pasiones desordenadas que los empujan a aquello mismo que los asusta; muchas veces desean la muerte por lo mismo que la temen. Tampoco has de creer que sea demostración de una vida larga el que con frecuencia el tiempo les parezca largo, y que, mientras llega el momento señalado para la cena, se quejen de la lentitud de las horas; porque, si alguna vez abandonan sus ocupaciones, quedan hirviendo en su inactividad y no saben cómo utilizarla o deshacerse de ella. Así que tienden a alguna ocupación, y el tiempo intermedio se les hace pesado, de igual manera, por Hércules, que, cuando se anuncia un combate de gladiadores o están a la espera de algún otro espectáculo o deporte favorito, querrían saltar por encima de los días intermedios. Larga les resulta la dilación de toda cosa esperada; pero aquel tiempo por el que suspiran es breve y precipitado, y su propio vicio aún lo acorta más, por eso se trasladan de un sitio a otro y no pueden detenerse en ningún deseo. No son largos los días para ellos; son aborrecibles; y, al contrario, cuán fugaces les parecen las noches que pasan en brazos de las meretrices o embrutecidos por la embriaguez. De ahí vienen las delirantes invenciones de los poetas, que con sus fábulas autorizan y alimentan los descarríos de los hombres. Ellos fantasearon con que Júpiter, cautivado por el deleite del ayuntamiento carnal, duplicó una noche. ¿Qué otra cosa es esto sino cebar y echar leña a nuestros vicios al hacer autores de ellos a los mismos dioses y dar a nuestra morbosa licencia el ejemplo de la divinidad por excusa? ¿Pueden dejar de parecer brevísimas las noches a quienes las compran tan caras? Pierden el día en la expectación de la noche, y pierden la noche en el temor del día.

XVII

Sus mismos placeres son atolondrados y están acuciados por temores varios, y en el espasmo de la fruición los asalta este ansioso pensamiento: «Esto ¿cuánto durará?». Este sentimiento ha hecho que los reyes deplorasen su poder y no hallasen satisfacción en su fortuna; antes se espantaron del fin que algún día habría de sobrevenirles. El insolentísimo rey de los persas, cuando por llanuras sin fin desplegaba sus huestes, tan grandes que había que calcularlas no por su número sino por la extensión de tierras que ocupaban, derramó lágrimas ante el pensamiento de que, dentro de cien años, nadie quedaría de tanta flor de juventud. Y, sin embargo, el mismo que lloraba era quien los enfrentaba con el hado, perdiendo a los unos en el mar, a los otros en la tierra, a los otros en batalla, a los otros en la fuga y exterminando en poquísimo tiempo a aquellos mismos de quienes temía que no vivieran un siglo. Pero ¡si aun sus placeres están envenenados de miedos temblorosos! Porque no se asientan en bases sólidas, sino que la misma vanidad de la que nacieron los zarandea y perturba. ¿Cómo crees que son esos momentos que ellos mismo confiesan que son miserables si hasta esos mismos que les hacen enorgullecerse y colocarse por encima de los demás son tan poco verdaderos?

Los bienes más grandes se poseen con recelo, y ninguna fortuna inspira más desconfianza que la mejor. La prosperidad debe defenderse con otra prosperidad, y hay que hacer votos por los votos que ya se cumplieron. Pues todo aquello que viene por azar es inestable, y cuanto más se eleva uno, más cerca está la caída. No hay nadie que se contente con aquello que ha de caer; la vida de aquellos que con gran trabajo acarrean lo que después poseen con más trabajo todavía ha de ser a la fuerza muy miserable, no solo efímera. Con afán consiguen lo que quieren, y poseen lo que tienen con zozobra. No prestan atención al tiempo que no ha de volver; ocupaciones nuevas sustituyen a las viejas; una esperanza aviva otra esperanza; una ambición, otra ambición. No se busca el fin de las desventuras, sino que se muda su objeto. ¿Nuestros honores nos han hecho sufrir? Más tiempo nos hurtan los ajenos. ¿Terminamos de esforzarnos como candidatos? Empezamos a esforzarnos como partidarios. ¿Nos hemos librado de la molestia de acusar? Aspiramos a la de ser jueces. ¿Se terminó el hacer de juez? Ahora somos instructores. ¿Ha envejecido en la administración mercenaria de bienes ajenos? Ahora lo absorben los suyos. ¿La sandalia militar ha jubilado a Mario? Ahora ejerce el consulado. ¿Se apresura Quincio a desprenderse de su dictadura? Lo retiran al arado. Escipión, aun no maduro para tal empresa, irá a combatir a los cartagineses: tras vencer a Aníbal y a Antíoco, honor de su consulado, garantía y prenda del de su hermano, si no se opusiera lo encumbrarán a los honores de Júpiter, pero las revueltas civiles traerán a maltraer a este salvador de Roma, al que, tras recibir en su juventud honores propios de los dioses que lo llenaban de hastío, de viejo lo seducirá la ambición de un orgulloso destierro. Nunca faltarán motivos de ansiedad, felices o malhadados; irá pasando la vida a través de zozobras; el ocio no existirá en la realidad, sino en el deseo.

Sobre la felicidad

Creo que ambos estaremos de acuerdo en considerar que las cosas externas se adquieren para el cuerpo, que el culto del cuerpo es por respeto al alma, que en el alma hay facultades subalternas por las cuales nos movemos y nos alimentamos y que nos fueron dadas para ser usadas por la parte principal. En esta parte principal hay algo irracional y algo racional. Aquello sirve a esto, y esto es lo único que no se subordina a nada, sino que todo lo ordena y lo refiere a sí. Porque también la razón divina manda sobre todas las cosas y no está al mandato de ninguna; de igual manera es nuestra razón, porque de ella procede. Si acerca de esto hay acuerdo entre nosotros, también lo habrá en esto otro, a saber: que la vida feliz estriba en el hecho de que nuestra razón sea perfecta. Porque solamente ella no doblega el espíritu, se yergue en pie frente a la fortuna; en cualquier situación nos mantiene impertérritos. El único bien es aquel que no sufre menoscabo.

El hombre feliz, digo, es aquel a quien cosa ninguna afecta; posee el bien supremo y en nadie se apoya sino en sí mismo, pues quien con ayuda ajena se sostiene corre el peligro de caer. Si fuera al revés, comenzarían a tener gran influencia en nosotros las cosas que no son nuestras. ¿Y quién es el que quiere afianzarse en la fortuna o qué hombre prudente hay que a sí mismo se admira por lo que tiene el otro? ¿Qué es la vida feliz? La seguridad y la tranquilidad perpetuas. Estas nos las dará la grandeza de alma, nos las dará la entereza asida tenazmente a las decisiones razonables. ¿Cómo se llega a ello? Con la total contemplación de la verdad; observando en los negocios orden, moderación, decencia, voluntad inocente y benigna, siendo dócil a los dictados de la razón, y no separándose de ella jamás, haciéndose amar y que la vez haciéndose admirar. Finalmente, para explicártelo con una fórmula breve, el alma del sabio debe ser tal como la que corresponde a Dios. ¿Qué puede desear aquel que posee todo lo honesto? Porque, si las cosas no honestas pueden ayudar en algo al mejor de los estados, la vida feliz se hallará en aquellas cosas sin las cuales es honesta la vida. ¿Y qué mayor vergüenza y necedad hay que urdir el bien del alma racional con elementos irracionales?

Con todo, algunos piensan que el bien supremo puede aumentar, por cuanto no llega a la plenitud cuando el azar lo obstaculiza. El mismo Antípatro, una de las grandes autoridades de esta escuela, dice que él concede alguna influencia a las cosas externas, pero harto exigua. Estás viendo qué es eso de no contentarse con la luz del día, si no se le añade algún candil: ¿qué importancia puede tener en ese resplandor del sol una chispa? Si no te contentas solo con la honestidad, es necesario que añadas, o bien el reposo, que los griegos llaman *aoclesía*, o bien el placer. El primero de ellos puede de todos modos admitirse, por cuanto, exenta el alma de perturbación, tiene tiempo para contemplar el universo y no hay nada que la distraiga de la contemplación de la naturaleza. El segundo, el placer, es el bien del animal; por él unimos a lo racional lo irracional y a lo honesto lo deshonesto. Ofrece en esta vida el regocijo del cuerpo. ¿Por qué titubeáis en proclamar que el hombre está en posesión de su bien si tiene satisfecho el paladar? ¿Y cuentas tú, no digo entre los varones constantes, sino simplemente entre los hombres, a quien sitúa su propio bien supremo en los colores, en los sabores, en los sonidos? Ha de excluirse de la hermosísima categoría de seres vivientes, solo inferiores a los dioses, y añadirse a los animales irracionales este animal que halla su deleite en el cebo. El elemento irracional del alma tiene dos partes: una animosa, ambiciosa, suelta, apasionada; la otra, sumisa, lánguida, dada a los placeres. La parte libre, mejor de todas maneras y ciertamente más recia y digna del varón, ha sido dejada en el olvido. La otra parte, lánguida y ruin, la creyeron necesaria para la vida feliz. A su servicio pusieron despóticamente la razón y degradaron y envilecieron el bien supremo del más generoso de los vivientes, y además hicieron una mezcla monstruosa de diversos e incongruentes miembros. Porque, como dice nuestro Virgilio refiriéndose a Escila: «La parte superior de su cuerpo es humana hasta la ingle; su hermoso pecho es de doncella, pero su parte inferior es de monstruoso pez y tiene colas de delfín prendidas a sus ajares de foca». A esta Escila se le unen animales fieros, horribles, veloces. Mas, esos filosofastros, ¿con qué monstruos han fabricado la sabiduría? El arte primordial del hombre es la misma virtud: a esta se le añade la carne inútil y floja, apta nada más que para recibir los alimentos, como dice Posidonio. Esta virtud divina acaba en miembros lascivos;

con esa cabeza venerable y celestial se articula un animal pesado y lacio. El otro elemento, el reposo, aunque en ninguna otra cosa ayudaba al espíritu, removía al menos los impedimentos. El deleite es un disolvente poderoso que reblandece toda fortaleza. ¿Dónde se hallará una unión tan diferente de cuerpos? A la más enérgica robustez se le une la mayor inercia, a la más estrecha severidad la frivolidad más liviana, a la más acendrada pureza la intemperancia que llega hasta el incesto. «Entonces, —dice—, si a la virtud en nada ha de impedirla la buena salud ni el reposo ni la carencia de dolor, ¿no desearás estas cosas?». ¿Por qué no he de desearlas? Pero no porque sean buenas, sino porque son según la naturaleza y porque las tomaré con cordura. ¿Qué bien habrá entonces en ellas? Nada más que ese estar bien elegidas. Porque, cuando tomo el vestido que me viene bien, cuando ando como es debido, cuando ceno como debo, ni la cena ni el paseo ni el vestido son lo bueno, sino que lo bueno es mi propósito de observar en cada una de estas cosas la manera conveniente a la razón. Y aún añadiré que la elección de un vestido limpio es deseable al hombre, porque por naturaleza el hombre es un animal aseado y elegante. De manera que no es bueno de por sí el vestido limpio, sino la elección del vestido limpio, porque la bondad no reside en la cosa, sino en la elección; por ella son honestas nuestras obras, no la materia sobre la que actúan. Y lo mismo que digo del vestido se aplica al cuerpo. Pues la naturaleza lo puso también a manera de vestido alrededor del alma, cuyo velo es. ¿Y quién jamás valoró el vestido por el armario donde se guarda? La vaina no hace ni buena ni mala a la espada. Lo mismo te digo del cuerpo. Si se me da opción, tomaré la salud y las fuerzas, mas el bien que de ello me viniere será mi criterio sobre estas cosas, no las mismas cosas. «Ciertamente —dice—, el sabio es feliz, pero no alcanza el bien supremo si no le corresponden los medios naturales. Así que no puede ser miserable el que posee la virtud; pero no es feliz plenamente quien carece de los bienes naturales, como la salud y la integridad de los miembros».

Lo que parece más increíble, eso lo concedes, a saber: que, en los más grandes y continuos dolores, un hombre no solo no es miserable, sino feliz; y niegas lo más ligero, a saber: que sea feliz en toda su plenitud. Ahora, si la virtud puede hacer que uno no sea miserable, más fácilmente logrará que sea felicísimo, porque menos distancia hay del feliz al felicísimo que del miserable al feliz. ¿Acaso tiene suficiente poder para colocar entre los felices al hombre caído en desgracia? ¿Desfallecerá este cuando ya está llegando a la cumbre? Hay en la vida comodidades e incomodidades, unas y otras fuera de nosotros. Si no es infeliz el hombre bueno, aun cuando lo agobien todas las incomodidades, ¿cómo no va a ser muy feliz aunque le faltan algunas comodidades? Pues de la misma manera que el peso de las incomodidades no lo deprime hasta hacerlo desgraciado, así también la carencia de comodidades no lo aparta de la suma felicidad; sino que tan sumamente feliz es con comodidades, como no es infeliz si las incomodidades lo abruman; de otra manera, se le podría arrebatar su bien si este puede disminuir.

Poco antes he dicho que un candil no aumenta en un punto la luz del sol, porque la claridad de este ofusca todo lo que sin ella brillaría. «Mas ciertas interposiciones —dice— tapan el mismo sol». Pero el sol conserva su integridad aun entre los obstáculos, y, aunque haya cualquier interferencia que nos prive de su vista, continúa su actividad y sigue su curso. Cuando luce entre nubes no es ni más pequeño ni siquiera más lento que en sus momentos de serenidad, porque hay mucha diferencia entre que lo tape algún cuerpo interpuesto o que lo impida. De la misma manera, los obstáculos nada quitan a la virtud; no es menor aunque resplandezca menos. Acaso no tenga a nuestros ojos tanta apariencia ni brillo, pero siempre es igual a sí misma y, de igual manera que el sol anochecido, va haciendo ocultamente su camino. Lo mismo pueden contra la virtud las calamidades, los daños, las injurias que lo que pueden contra el sol las nubes.

Hay quien sostiene que el sabio poco favorecido en el cuerpo no es infeliz ni feliz. También este se engaña, puesto que iguala las casualidades a las virtudes y atribuye a las cosas honestas lo mismo que otorga a las carentes de honestidad. ¿Qué fealdad, qué indignidad mayor puede haber que equiparar lo venerable y lo vil? Venerables son la justicia, la piedad, la fe, la fortaleza, la prudencia; y, al revés, son cosas viles, que a menudo tocaron en suerte y proporción mayor a los más viles, la pierna robusta y los músculos y los dientes y su salud y solidez. Además, si el sabio que sufre molestias corporales no ha de ser tenido por feliz ni por infeliz, sino en un estado intermedio, tampoco su vida será ni deseable ni aborrecible. ¿Y qué cosa hay tan absurda como que no sea apetecible la vida del sabio? ¿Y qué cosa tan difícil de creer es que haya una vida que no sea apetecible ni rechazable? Por otra parte, si los daños del cuerpo no hacen infeliz, permiten que se sea feliz, porque, si no tienen fuerza para empeorar nuestro estado, tampoco la tienen para neutralizar el mejor. «Conocemos —dirá alguien— lo frío y lo caliente, y entre estos dos extremos está lo tibio; si alguno es feliz y algún otro es infeliz, necesariamente habrá quien no sea ni una cosa ni otra». Quiero destruir esta comparación que contra nosotros se opone: si en lo tibio pongo más frialdad, se tornará frío; si le pongo más calor, acabará por volverse caliente. Mas ese hombre que ni es feliz ni es infeliz, por más infelicidades que le añada, no será infeliz como decís; luego esta comparación es incongruente.

En fin, yo te entrego a un hombre ni feliz ni infeliz: le añado la ceguera, y eso no lo hace infeliz; le añado la cojera, y eso no lo hace infeliz; le añado dolores continuos y graves, y no lo hago infeliz. Quien tras tantos males no ha podido ser arrastrado a la vida infeliz tampoco será arrancado de la vida feliz. Si no puede el sabio, como decís, caer de la felicidad en la infelicidad, tampoco puede caer en la falta de felicidad. ¿Por qué quien comenzó a caer ha de detenerse en algún sitio? Aquello mismo que no le permite rodar hasta el fondo lo mantiene en la cumbre. ¿Cómo podría no ser indivisible la felicidad? Pero ni siquiera puede disminuir, y por eso la virtud se basta a sí misma para llegar a ella. «Entonces, qué —dice—, ¿no es más feliz el sabio que vivió mucho, a quien ningún dolor apartó de su camino, que aquel otro que siempre anduvo luchando contra la adversidad?». Respóndeme: ¿es acaso mejor o más honesto? Si ni lo uno ni lo otro, tampoco es más feliz. Es preciso que viva con más rectitud si ha de vivir con más felicidad; si no puede vivir más rectamente, entonces no puede vivir más felizmente. No crece la virtud, luego tampoco crece la vida feliz que de la virtud procede. Porque la virtud es un bien tan grande que no siente estas pequeñas incidencias, la brevedad de la vida, el dolor y las molestias corporales. Pues el placer no merece ser tomado en consideración. ¿Qué es lo principal en la virtud? No necesitar del futuro ni contar sus días. Por breve que sea el tiempo, esta consuma en él obras eternas. Increíbles nos parecen estas cosas que discurren por encima de la naturaleza humana. Medimos su grandeza por nuestra flaqueza y a nuestros vicios les ponemos nombre de virtud. Entonces, qué, ¿no se nos antoja igualmente increíble que un hombre sumido en las mayores torturas diga: «Soy feliz»? Pues estas palabras se oyeron en la misma escuela del placer. «Este es el más feliz y el último de mis días», decía Epicuro, afligido por la retención de la orina y por el dolor de una úlcera incurable del estómago. Entonces ¿cómo pueden ser increíbles estas cosas en quienes cultivan la virtud, puesto que se dan aun en aquellos a quienes el placer esclavizó? También estos degenerados, hombres de mentalidad rastrera, dicen que el sabio no es feliz ni infeliz en los más graves dolores y en las calamidades más extremas. Y asimismo esto es increíble, y todavía más increíble que aquello, ya que no veo la razón para que no se despeñe hasta lo más hondo del abismo la virtud derribada de su cumbre. O ha de hacer al hombre feliz, o, si se lo saca de ahí, no impedirá que sea infeliz. Mientras se mantenga en pie no puede ser retirada; es necesario que sea vencida o que venza. «Solo a los dioses inmortales —dice— toca la virtud y la vida feliz; a nosotros, un barrunto lejano de aquellos bienes; nos acercamos a ellos, pero no llegamos». Mas la razón es común a los dioses y a los hombres, consumada en ellos y en nosotros consumable, si bien nuestros vicios nos quitan la esperanza de conseguirlo. Porque el hombre de segunda categoría es inconstante en la conservación de los mejores principios, y su juicio vacila todavía en la incertidumbre. Desea los sentidos de la vista y del oído, buena salud y regular la compostura del cuerpo y una vida prolongada y en la que se pueda valer por él mismo. Así podrá llevar una vida de la que no tenga que arrepentirse; mas en este hombre imperfecto la malicia tiene cierta virulencia porque su alma es propensa a la maldad; aunque la malicia profundamente enraizada y que es causa de agitación se halla de él ausente. No es bueno todavía, pero va formándose en el bien, aunque todo aquel a quien le falta algo para el bien es malo. Pero «quien encierra en su cuerpo virtud animosa» se iguala a los dioses y a ellos tiende, pues recuerda su origen. A nadie se le reprueba que se esfuerce en subir a la altura de donde bajó. ¿Y por qué razón no has de creer que existe algo divino en aquel que es parte de Dios? Este universo que nos contiene en un solo ser es Dios: compañeros somos suyos y también miembros. Capaz es nuestra alma de remontarse a él si los vicios no la apesadumbran. Así como nuestro cuerpo se levanta debido a su recta constitución y mira al cielo, así también el alma que puede extenderse a todo lo que quiere ha sido formada por la naturaleza para querer cosas dignas de los dioses, y, si emplea sus fuerzas y se extiende por su propia región, se esfuerza por subir al cielo por un camino no ajeno. Ardua empresa sería ir al cielo; pero es que del cielo vuelve. Cuando encuentra este sendero, camina por él audazmente menospreciándolo todo y no mira desde el lado del dinero y ya no estima el oro y la plata, muy dignos de aquellas tinieblas en que estuvieron sepultados, por aquel fulgor con que hieren los ojos de los ignorantes, sino por el fango original de donde los excavó y redimió nuestra codicia. Sabe él perfectamente que las riquezas están situadas en lugar muy diferente del sitio donde se amontonan: el alma hay que llenar y no el arcón. A un alma así es lícito darle el dominio de todas las cosas y ponerla en posesión de toda la naturaleza, sin más límites que el Oriente y el Occidente; que como el de los dioses sea universal su señorío porque desprecia con altanería, con todos sus tesoros, a los ricos, entre quienes no hay ninguno tan contento con lo que tiene como malhumorado por lo que tienen los otros. Cuando el sabio se halla en situación tan elevada ya tampoco ama su cuerpo como una carga necesaria, sino que solamente lo administra y no se sujeta a quien tiene debajo de su dominio. No es libre nadie que sirva al cuerpo, porque, pasando por los otros dueños que acarrea una nimia solicitud del cuerpo, su dominación es difícil y enojosa. Del cuerpo, el sabio ora sale con ecuanimidad, ora se libera con magnanimidad, y no va a buscar cuál será el destino de sus despojos. Antes bien, así como no nos preocupa qué fue de la barba y del cabello que nos cortamos, a aquella alma divina, al salir del hombre para acogerse a su propia morada, le interesa tan poco que el fuego lo consuma, o que lo cubra la tierra, o que las fieras lo despedacen, como la placenta al niño una vez nacido. Que sea lanzado a las aves de rapiña o devorado, «presa dada a los perros marinos», ¿qué importa a quien ya no existe? Pero ni siquiera cuando está entre los hombres teme después de la muerte ninguna amenaza de aquellos para quienes ser temido hasta la muerte es poca cosa. «No me arredra —dice— ni el garfio ni el afrentoso lanzamiento del cadáver, ni su despedazamiento, tortura de los ojos que han de verlo. A nadie suplico los obsequios últimos; a nadie encomiendo mis despojos. La naturaleza proveyó que nadie quedase insepulto: a quien desechó la crueldad lo enterrará el tiempo». Hermosamente dice Mecenas: «No cuido del sepulcro; la naturaleza sepulta a los abandonados». Creerás que este dicho es de una trágica grandeza, pues quien lo dijo tuvo una mente generosa y viril; pero no, la malogró la prosperidad. Ten salud.

Sobre el temor a la muerte

Persevera como comenzaste y apresúrate todo lo posible a fin de que puedas gozar más tiempo de un alma enmendada y ordenada. Sin duda, también gozarás mientras la enmiendas y ordenas; no obstante, es distinto el deleite que se consigue cuando se contempla un alma pura de toda mancha y resplandeciente. A buen seguro recuerdas el gozo que sentiste cuando, abandonada la pretexta, vestiste la toga viril y te llevaron al foro; espera un gozo mayor cuando dejes atrás el espíritu infantil y te hagas hombre mediante la filosofía. Porque es cierto que ya no somos niños, pero, lo que es más grave, nos queda algo de infantilidad. Y lo peor es que tenemos la autoridad de los viejos y los vicios de los muchachos, y no solamente de los muchachos, sino de los niños; los primeros se espantan de las cosas insignificantes; los segundos, de las falsas; nosotros, de ambas. Trata de progresar y comprenderás que hay que temer menos algunas cosas aunque nos generen mucho temor. Ningún mal es grande si es el último. La muerte se acerca a ti; sería de temer si pudiera quedarse contigo, pero, forzosamente, o no llega o pasa.

«Es difícil —dices— hacer que el alma desprecie la vida». ¿Acaso no ves por qué causas tan frívolas se la desprecia? Uno se ahorcó ante las puertas de su amante; otro se precipitó del techo porque ya no aguantaba a su malhumorado dueño; otro se clavó un puñal en las entrañas para que no lo apresaran de nuevo mientras huía; ¿no crees que la virtud es capaz de actuar como el miedo excesivo? No puede tener una vida tranquila quien solo piensa en prolongarla y cuenta entre sus bienes más grandes el número de cónsules que ha visto. Medita esto a diario para poder dejar libremente la vida, a la que muchos se abrazan como se aferran a las zarzas y a las rocas quienes se ven arrastrados por una crecida torrencial. La mayoría fluctúa miserablemente entre el miedo a la muerte y los rigores de la vida, y ni quiere vivir ni sabe morir. Hazte, pues, agradable la vida desechando el temor de perderla. Ningún bien da consuelo al que lo posee si no está dispuesto a perderlo cuando sea necesario, y ninguna cosa es más fácil de perderse que aquella que, una vez perdida, ya no puede desearse. Exhórtate, pues, y endurécete contra las desgracias que pueden sobrevenir incluso a los más poderosos. Un pupilo y un eunuco pronunciaron la sentencia de muerte de Pompeyo; la de Craso la pronunció un parto cruel e insolente; Calígula mandó a Lépido ofrecer el cuello al tribuno Dextro; pero él mismo lo presentó a Quereas; a nadie elevó tan alto la fortuna que no lo amenazase al menos con otros tantos males como le consintió hacer. No te fíes de la tranquilidad presente; el mar cambia en un instante, los navíos se van a pique el mismo día y en el mismo sitio donde se recrearon. Piensa que un ladrón o un enemigo pueden acercar un puñal a tu garganta; que, en ausencia de un poder mayor, cualquier criado es árbitro de tu vida y de tu muerte. Todo aquel que desprecia su vida es dueño de la tuya. Recuerda los ejemplos de quienes sucumbieron a insidias familiares, ora con violencia declarada, ora con engaño, y hallarás que la ira de los esclavos ha subyugado a tantos como la de los reyes. ¿Qué importa, pues, que temas a un poderoso, cuando cualquiera puede infligirte el daño que tanto temes? Y, si acaso cayeras en manos de enemigos, el vencedor mandará llevarte ante la muerte, adonde vas de todos modos. ¿Por qué te engañas y adviertes ahora por primera vez el riesgo que no dejó nunca de amenazarte? Pues te aseguro que desde que naciste estás yendo hacia la muerte. Estas y otras consideraciones hemos de ponderar en nuestro espíritu si queremos aguardar con calma la hora suprema cuyo temor nos amarga todas las otras.

Pero, para dar fin a esta epístola, haz tuya la máxima que más me ha agradado hoy, tomada también de jardines ajenos: «Gran riqueza es la pobreza que se conforma con la ley de la naturaleza». ¿Y sabes qué limites nos impone esta ley? No padecer hambre, no sufrir sed, no helarnos de frío. Para evitar el hambre y la sed no es preciso acercarse a los umbrales de los poderosos ni soportar su desprecio ni su protección deshonrosa; no es menester aventurarse por los mares ni seguir a ejércitos. Lo que reclama la naturaleza está al alcance de la mano; lo que cuesta sudor es lo superfluo. Lo superfluo es lo que gasta nuestra toga; lo que nos obliga a envejecer en una tienda de campaña; lo que nos lleva a tierras extranjeras. Entre las manos tenemos lo suficiente. Quien de buena gana se aviene con la pobreza es rico. Ten salud.

Sobre la filosofía

¿Quién puede dudar, mi querido Lucilio, que el vivir es un don de los dioses inmortales, y el vivir bien, un fruto de la filosofía? Así que se tendría por cierto que estamos tanto más obligados a la filosofía que a los mismos dioses, pues el beneficio de vivir bien es mayor que el de simplemente vivir, si no fuese porque la filosofía nos ha sido dada por los mismos dioses, cuyo conocimiento no dieron a nadie, pero sí la facultad de conseguirlo, que fue dada a todos. Pues si la hubiesen hecho dádiva corriente y todos hubiéramos nacido sabios, la sabiduría perdería lo que tiene de mejor, que es no ser contada entre los dones fortuitos. Por lo cual ella ahora tiene la cualidad inestimable y magnífica de que no da la suerte, sino que cada uno debe agenciársela por sí mismo, sin poder pedirla prestada a otro. ¿Qué podrías admirar en la filosofía si fuese un beneficio gratuito? Su misión única es hallar la verdad en las cosas divinas y humanas. De ella nunca se apartan la religión, la piedad, la justicia y el restante cortejo de virtudes asidas entre sí y fraternalmente atadas de manos. La filosofía nos enseñó el culto de los dioses; el amor de los hombres; que los dioses son dueños del mundo y que los hombres deben vivir en él en solidaridad, lo que durante algún tiempo permaneció inviolable, antes que la avaricia despedazase la sociedad y fuese causa de pobreza aun para aquellos a quien hizo tan ricos; puesto que dejaron de poseerlo todo desde que quisieron tener cosas propias. Mas los primeros mortales, y quienes de ellos nacieron, seguían la naturaleza sin corrupción; en un mismo hombre personificaban al príncipe y la ley, confiados en el arbitrio del mejor. Es propio de la naturaleza someter a los seres inferiores a los superiores. Los mudos animales son guiados, o por los más corpulentos, o por los más valerosos. No va a la delantera del ganado el toro débil, sino el que ha vencido a los otros machos en grandeza y músculos; el elefante más alto guía la manada de los elefantes; entre los hombres, el mayor es el mejor. Por la superioridad del espíritu era elegido el príncipe, de donde nacía la suprema dicha de aquellos pueblos en los cuales no podía ser el más poderoso sino quien era el mejor, pues con seguridad puede todo lo que quiere quien no cree poder más de lo que debe. En aquella edad, pues, que se dice que fue de oro, opina Posidonio que el poder estaba en manos de los sabios. Estos impedían la violencia y defendían al débil del más fuerte, persuadían o disuadían y mostraban lo que era útil y lo que era inútil. Con su prudencia hacían que no faltase nada a los suyos; su fortaleza alejaba los peligros, su beneficencia engrandecía y embellecía a sus súbditos. El mando era entonces un deber, no una prebenda. Nadie volvía su fuerza contra aquellos de quienes había recibido el poder, ni tenía nadie motivo ni intención de dañar, porque a quien mandaba bien la obediencia era fácil y la mayor amenaza de un rey hacia sus díscolos vasallos era la de abandonar el reino. Pero después de que, por infiltración de los vicios, los reinos degeneraran en tiranías, las leyes empezaron a ser necesarias, y al principio las dieron los sabios. Solón, que colocó a Atenas en la equidad del derecho, fue uno de los siete sabios famosos. Si Licurgo hubiera nacido en aquella misma época, un octavo sabio se hubiera añadido a aquel sagrado número. Todavía se alaban las leyes de Zaleuco y de Carondas. Estos, no en el foro ni en la escuela de los jurisconsultos, sino en aquella silenciosa y venerable escuela de Pitágoras, aprendieron las leyes que habían de dictar a Sicilia y a la Italia griega. Hasta aquí estoy de acuerdo con Posidonio; ahora, que fuesen inventadas por la filosofía las artes que utilizamos en nuestra vida ordinaria no lo concederé, ni atribuiré esa gloria a las artes manuales. «La filosofía —dice— enseñó a construir casas a los hombres que andaban dispersos y buscaban cobijo en las grietas de las peñas o en los huecos de los árboles». Mas yo no creo tampoco que la filosofía inventase la construcción de casas encima de casas y de ciudades encima de otras ciudades, como tampoco que inventase los viveros de peces, mantenidos en clausura para que la gula no se vea afectada por el peligro de las tempestades, y para que aun en el mayor embravecimiento del mar tuviesen las clases adineradas un sitio donde cebar peces de todas clases. ¿Qué dices? ¿Que la filosofía enseñó a los hombres a tener llaves y cerraduras? ¿Qué otra cosa hubiera sido eso sino dar muestras de avaricia? ¿Fue la filosofía la que suspendió esas bóvedas que tan grave riesgo implicaban para sus moradores cuando era más seguro cobijarse al azar y en parajes construidos por la naturaleza? Créeme, aquella dichosa edad discurrió antes que hubiese arquitectos y constructores. Nacieron estos cuando nació el lujo, que enseñó a cortar primorosamente los troncos de los árboles y a hacer correr la sierra encima de líneas ya marcadas con certera mano, «pues los primeros hombres usaban cuñas para desgarrar el leño que se puede hender». Porque entonces aún no se construían salones para dar en ellos banquetes opíparos, ni para este fin el pino y el abeto eran transportados en largas hileras de carros, haciendo temblar las calles, a fin de colocar artesonados macizos de oro en lo alto de aquellos salones. Dos horcas, una a cada lado, sostenían la cabaña; una enramada espesa de ramos y hojas sobrepuestas en pendiente hacía correr las lluvias por grandes que fuesen. Bajo estos techos habitaron, pero seguros; la paja abrigó a hombres libres; bajo el mármol y el oro mora la esclavitud. Disiento también de Posidonio cuando dice que las herramientas de las artes mecánicas fueron inventadas por los sabios. De la misma manera pudiera decir que, debido a los sabios, «entonces se inventó cazar las fieras con lazos y engañoso cebo y cercar con canes las silvestres tierras». Todo eso es fruto de la sagacidad humana, no de la sabiduría. Disiento también en que fuesen los sabios quienes descubrieran las minas de hierro y de cobre, cuando quemada la tierra por el incendio de los bosques hizo aflorar a la superficie las venas de los metales en fusión. Esas cosas las hallaron quienes se ocupaban de ellas. Tampoco me parece tan intrincada como a Posidonio la cuestión acerca de cuál se inventó primero, el martillo o la tenaza. Ambas cosas las inventó algún espíritu práctico, agudo, no de mucha grandeza ni elevación; y, como esto, cualquier otro objeto que tenga que ser buscado con el cuerpo encorvado y el alma atenta al suelo. El sabio vivió siempre de una manera fácil. ¿Cómo no, si aun en este siglo nuestro desea vivir con la máxima sobriedad? ¿Cómo, dime, por favor, puede compaginarse la admiración por Diógenes y por Dédalo? Cuál de los dos te parece el sabio: el que inventó la sierra o aquel que, habiendo visto a un muchacho beber agua en el cuenco de la mano, quebró inmediatamente la copa que se sacó de la alforja, con esta acre reprimenda a sí mismo: «¿Cuánto tiempo, necio de mí, he llevado trastos inútiles?», y se arrolló dentro de una tinaja y durmió dentro de ella? En nuestros días, ¿tienes por más sabio a quien halló la manera de hacer brotar a gran altura el agua de azafrán pasando por tubos disimulados, de llenar o vaciar momentáneamente las canales con agua comprimida, de adaptar en las salas de los festines artesonados móviles que renuevan sucesivamente su aspecto hasta el punto de que se cambia de techo con cada invitado que entra, o aquel otro que a sí mismo y a los otros demuestra que la naturaleza no nos impuso nada duro y difícil, que podemos prescindir del marmolista y del artesano, que podemos vestirnos sin necesidad del comercio de sedas, que podemos tener todo lo necesario para nuestra subsistencia si nos contentamos con lo que la tierra ha dejado en su superficie? Si quisiera el género humano escuchar al sabio, se persuadiría de que le es tan superfluo el cocinero como el soldado. Sabios fueron, o al menos muy semejantes a los sabios, aquellos a quienes les preocupaba tan poco el cuidado del cuerpo. Las necesidades se satisfacen con poco cuidado; para las delicias se requiere trabajo y esfuerzo. No echarás de menos a los artesanos si sigues a la naturaleza, la cual no quiso ponernos en aprietos, sino que nos armó para todo aquello a lo que nos obligaba. «El frío es insoportable al cuerpo desnudo». ¿Es que acaso las pieles de las fieras y otros animales no pueden defendernos de él lo suficiente? ¿Acaso no hay muchas razas que cubren sus carnes con cortezas de árboles? Las plumas de las aves no se tejen para hacer vestidos con ellas. E, incluso hoy en día, una gran parte de los escitas, ¿no se abrigan con pieles de zorro y de rata, que son blandas al tacto e impenetrables al viento? «Con todo, es necesario combatir el calor del sol de verano con una sombra más densa». ¿Cómo? ¿Acaso el paso del tiempo no preparó escondrijos en forma de cavernas para resguardarnos de las inclemencias o para cualquier otra situación? ¿No se tejían cañizos de junco y se embadurnaban de barro y se cubría luego el techo de paja y de follaje silvestre y pasaban bien resguardados el invierno mientras la lluvia corría por el techo inclinado? Y los habitantes de las Sirtes, ¿no se recogen en cuevas porque la furia del excesivo sol no les deja otro resguardo tan compacto como la misma tierra, que incluso quema? No nos fue la naturaleza tan hostil que, habiendo dado a los otros animales medios fáciles de vida, solo sea el hombre el que no pueda vivir sin tantos recursos y artificios. Ninguno de esos artificios nos fue por ella exigido; nada hemos de buscar a costa de lo que sea para prolongar la vida. A nuestro alcance está todo lo que nos pertenece por derecho de nacimiento; pero nosotros nos lo hacemos todo difícil, hastiándonos de lo fácil. Techado, vestidos, remedios, alimentos y todo lo que ahora han convertido en nuestros grandes problemas eran cosas obvias y gratuitas o disponibles con poco esfuerzo, pues la medida se acomodaba a la necesidad; nosotros, con nuestros exquisitos artificios, hemos vuelto estas cosas preciosas, maravillosas, asequibles solo con grandes y repetidos esfuerzos. La naturaleza basta para lo que reclama. Se apartó de la naturaleza el lujo, y de día en día se excita más a sí mismo y crece de siglo en siglo y con su ingenio ayuda los vicios. Empezó a codiciar las cosas superfluas, luego las contrarias, y por fin dominó al alma y le mandó que estuviese al servicio de todos sus antojos. Todas estas artes que despiertan a la ciudad o la llenan de ruido trabajan al servicio del cuerpo, al que antes se le prestaba todo como a un esclavo y ahora se le aderza como si fuera un amo. Por eso es por lo que, por un lado, hay fábricas de tejidos, por el otro, talleres de artesanía; aquí destilerías de perfumes, allí academias donde se enseñan movimientos lascivos del cuerpo y canciones lánguidas y degeneradas. Muy lejos quedó aquella moderación natural que al deseo pone por límite la necesidad; ahora es indicio de rusticidad y de miseria contentarse con lo que basta. Es increíble, mi querido Lucilio, hasta qué punto la dulzura de las palabras aparta al hombre de la verdad. Ahí tienes a Posidonio, que, a mi parecer, es uno de los que más han contribuido al progreso de la filosofía, el cual, cuando quiere describir cómo en primer lugar unos hilos están torcidos, cómo se recogen otros caídos y dispersos, cómo luego la pieza, mediante unos pesos colgantes, se extiende en una cadena recta, cómo la trama, introducida entre las dos partes de la cadena, cuya resistencia se debilita, se mezcla y se compenetra por la presión del peine, atribuye también a los sabios la invención del arte textil, olvidando que después se halló un sistema más ingenioso en el cual «la tela se sujeta a un yugo; la trama es partida por la lanzadera e introducida por medio de unas púas agudas y los dientes de un ancho peine la peinan». ¿Qué diría si hubiera llegado a conocer las telas de nuestro tiempo con que se confeccionan unos vestidos que no esconden nada, que no protegen el cuerpo, ni siquiera el pudor? Pasa después a los agricultores, y con no menos elocuencia describe la tierra surcada por el arado una y dos veces para que a través del terreno mullido las raíces pasen mejor; luego la semilla es esparcida al aire y las hierbas arrancadas a mano, a fin de que ninguna planta espontánea y agreste crezca y perjudique la sementera. También dice que esta es labor de los sabios, como si los labradores de hoy en día no hallasen asimismo nuevos medios para intensificar la fertilidad de la tierra. Luego, tras haberles atribuido estas artes, rebaja al sabio a la altura del tahonero, puesto que describe cómo, remedando a la naturaleza, se comenzó a elaborar el pan. «La dureza de los dientes —dice—, encajando unos con otros, quebranta el fruto introducido en la boca, y todo lo que se escapa de los dientes se lo devuelve la lengua; entonces, se empapa con la saliva para que más fácilmente pase por la garganta resbaladiza. Cuando llega al estómago es cocido por su calor uniforme y, por fin, queda asimilado en el cuerpo. Siguiendo este precedente, alguien colocó una piedra desbastada encima de otra, a semejanza de las mandíbulas; de las cuales la una, inmóvil, espera el movimiento de la otra; luego, bajo la presión de ambas, los granos se van triturando y muchas veces vuelven a las muelas, hasta que esta molienda repetida la convierte en polvo. Entonces rocía la harina con agua y, a fuerza de heñirla, la obliga a tomar la forma de pan, el cual, después se cuece con ceniza caliente y con un ladrillo ardiente; luego se inventó el horno y otros medios que el hombre fue hallando sucesivamente para que el calor se acomodase a nuestra voluntad». No faltó mucho para que afirmase que a los sabios se debe el hallazgo del arte de la zapatería. Todos estos menesteres los halló ciertamente la razón, pero no la recta razón. Invenciones son del hombre, no del sabio, a fe mía, no de otra manera que los bateles que utilizamos para vadear los ríos y los mares, armados de velas para recibir el impulso del viento, de timones colocados a su popa, que tuercen en un sentido u otro su travesía. El modelo se tomó de los peces, que se gobiernan por su cola, y con su blando movimiento hacia un lado u otro determinan su velocidad. «Todas estas cosas —dice Posidonio— las descubrió el sabio, pero, siendo demasiado pequeñas para tratarlas él, las traspasó a los más humildes artesanos». Pero soy yo quien digo que esas invenciones fueron halladas por los mismos que ahora las practican. De algunas sabemos que nacieron en tiempos que recordamos, como el uso de los cristales que transmiten la luz a través de una masa transparente, como las estufas de los baños y los tubos aplicados a la pared, que hacen circular el calor a fin de que caliente de un modo uniforme las piezas altas y las bajas. ¿Qué decir de los mármoles con que relumbran templos y palacios? ¿Qué de esas masas de piedra, redondeadas y pulidas, sobre las cuales hemos asentado pórticos y techos capaces de contener a todo un pueblo? ¿Qué de la grafía de los vocablos, mediante la cual, por más atropelladamente que el discurso se pronuncie, la mano anda a la par de la celeridad de la lengua? Son estos inventos de los esclavos más viles. Más arriba tiene la sabiduría su morada, y es maestra no de las manos, sino de las almas. ¿Quieres saber lo que ella descubrió, lo que produjo? No los graciosos meneos del cuerpo ni la variedad de sones a través de la trompeta y de la flauta, que recibiendo el aliento humano, a la entrada o a la salida, lo articula en voz. No las armas ni las murallas ni los instrumentos de guerra. Es creadora de la paz, y llama al linaje humano a la concordia. No es artesana, vuelvo a decir, de herramientas necesarias para nuestros usos ordinarios. ¿Por qué le asignas tan menguada misión? Contempla en ella a la autora de la vida. Tiene ciertamente debajo de su señorío todas las artes; pues, ya que le sirve la vida, le sirve asimismo todo lo que la adorna y aderezada. Además, se encamina a la felicidad; allá conduce; hacia allá abre sendas y veredas. Enseña qué cosas son males, y cuáles solo lo aparentan; despoja de vanidad a las almas; da sólida grandeza; reprime la vana y la que es vistosa de puro vacía; no deja ignorar en qué se diferencia la grandeza del engreimiento y nos da el conocimiento de toda la naturaleza y de ella misma. La filosofía establece quiénes son los dioses y cuál es su naturaleza, qué es el mundo subterráneo, qué son los lares y los genios, cuál es la condición de las almas inmortales que ocupan el segundo lugar después de los dioses, dónde moran, a qué se dedican, cuáles son sus deseos y su poder. Así somos iniciados, y se nos abre un templo, no un templo cualquiera en una ciudad cualquiera, sino el templo del mundo, el templo magnificente de todos los dioses, cuyas verdaderas imágenes, cuyas representaciones verdaderas, mostró a los ojos de nuestras almas; pues para tan grandes espectáculos es pequeño el ojo corporal. De ahí vuelve a los principios de las cosas, a la razón eterna incorporada en el todo y a la virtud seminal que da a cada cosa la forma propia. Entonces comienza sus disquisiciones en torno del alma, de su origen, de su sede, de su duración, del número de partes en que se divide. Luego, de lo incorpóreo pasa a lo corpóreo y analiza su verdad y sopesa sus argumentos, y, hecho esto, estudia cómo se esclarecen los problemas de la vida y de la palabra, pues, en una y otra, lo falso anda mezclado con lo verdadero. No se sustrajo, vuelvo a decir, aunque así le parezca a Posidonio, el sabio de aquellas artes materiales, sino que ni siquiera se fijó en ellas. Pensaría que no era digno de invención lo que no creía que había de merecer un uso constante. No fuera que se dedicara a cosas que luego debieran dejarse. «Anacarsis —dice Posidonio— inventó el torno del alfarero, que, dando vueltas, contornea las vasijas». Después, como sea que en Homero se halla el torno del alfarero, prefirió pensar que eran apócrifos los versos de Homero antes que falsa la fábula de Posidonio. Mas yo no pretendo que Anacarsis fuese el inventor de ese utensilio, y, si lo fue, invención fue de un sabio ciertamente, pero no en tanto que sabio, de la misma manera que los sabios hacen muchas cosas, no como sabios, sino como hombres. Supongamos que un sabio es un corredor velocísimo; se adelantará a todos en la carrera porque es ligero, no porque sea sabio. Desearía enseñar a Posidonio algún vidriero que con su soplo da al vidrio muchísimas formas que difícilmente modelaría la mano más hábil. Estas cosas fueron inventadas después de que dejamos de hallar la sabiduría. «Se dice que Demócrito inventó las bóvedas de piedra que se encorvan en forma de arco suavemente inclinado y sostenido por una piedra central». Yo me atrevo a decir que esto es falso. Forzosamente, antes que Demócrito existieron puentes y piedras que por lo general en su parte superior están encorvadas. Se os olvida decir que el mismo Demócrito halló la manera de ablandar el marfil y de convertir mediante la cocción las piedras en esmeraldas, procedimiento por el cual todavía hoy en día se colorean determinadas piedras adecuadas a esta operación. Estos hallazgos, aun cuando los hiciera un sabio, no los hizo como sabio; pues él hace muchas cosas que vemos hacer incluso a los más ignorantes tan bien como él, y a veces con más pericia y práctica. ¿Quieres saber qué investigó el sabio, qué dio a la luz? En primer lugar, la verdad y la naturaleza que él no contempló, como hacen los otros animales, con los ojos lentos para las cosas divinas; luego, la ley de la vida, que él aplicó a todas las cosas; y nos enseñó no solo el conocimiento de los dioses, sino también su imitación y a aceptar los azares como mandamientos. Nos prohibió que diésemos crédito a las opiniones falsas y sopesó el precio de cada cosa a tenor de su valoración justa; condenó los deleites mezclados con remordimientos; recomendó los bienes que siempre han de hacernos felices y demostró cómo el hombre más feliz es aquel que no necesita la felicidad, y el más poderoso es aquel que es señor de sí mismo. No me refiero a aquella filosofía que puso al ciudadano fuera de su patria y a los dioses fuera del mundo, que hace del placer un premio de la virtud, sino a aquella que acepta la honestidad como bien exclusivo y único, que no se deja ablandar por los presentes ni del hombre ni de la fortuna; de aquella cuyo precio es que no puede ser adquirida por ningún precio. No creo que esta filosofía existiese en aquel siglo inculto en que todavía las artes no habían hecho su aparición y el uso mismo hacía las cosas útiles. Sin embargo, creo que llegó tras aquella edad afortunada en que los beneficios de la naturaleza estaban, como quien dice, al alcance de la mano; antes de que la avaricia y el lujo enfrentasen a los mortales y los convencieran para asociarse y lanzarse a la rapiña. No eran sabios aquellos hombres por más que hiciesen cosas que hacen los sabios. No es posible estado mejor que aquel que tenía entonces el género humano; y ni aun cuando Dios permitiera reformar las cosas humanas y establecer las costumbres de las naciones, ningún sabio escogería otro estado diferente de aquel que, según se recuerda, era de aquellos hombres en cuyos días «ningún colono cavaba el campo ni era cosa lícita señalar en él lindes ni cotos, era común su goce; y la tierra misma fecunda lo daba todo y producía el fruto que nadie le pedía». ¿Qué felicidad mayor que la de aquella generación humana? Disfrutaban en común de los bienes de la naturaleza; ella, como madre, tenía para todos y era la defensora de todos; esta era la más segura posesión de las riquezas públicas. ¿Por qué no he de considerar yo humanidad más rica la de aquel tiempo, en que no podías hallar a un pobre? En esta feliz situación irrumpió la avaricia, que, queriendo separar alguna parte y apropiársela, todo lo enajenó, y de la opulencia se redujo a la estrechez. La avaricia introdujo la pobreza y, codiciando mucho, lo perdió todo. Por eso, aun cuando se afane por cobrar lo perdido, aun cuando a su campo añada más campo, alejando al vecino con dineros o con injusticias; aunque aumente la extensión de sus fincas dándoles anchura de provincias y llame posesión a la propiedad que se tarda muchos días en recorrer, ninguna ampliación de nuestros límites nos devolverá a la situación de la que nos hemos alejado. Después de haber hecho lo posible y lo imaginable, tendremos muchas cosas; antes las teníamos todas. La misma tierra era más fértil no cultivada, generosa para con las necesidades de los pueblos que no se arrebataban los frutos unos a otros. No era menor deleite hallar lo que la naturaleza había producido como mostrar el hallazgo a otro. Así, ni podía sobrar, ni faltar a nadie, pues se lo repartían sin envidia y sin querella. El más poderoso no había echado mano aún del más débil; el avaro aún no había escondido lo que le sobraba y no había privado a los otros de lo que necesitaban; igual eran el cuidado propio y el ajeno. Estaban en paz las armas, y las manos incruentas de sangre humana habían vuelto su odio contra las fieras. Aquellos a quienes una selva densa había protegido del sol; aquellos que contra los rigores del invierno o de la ventisca vivían seguros bajo un techado de hojas en una cabaña pasaban las noches sin congoja, apaciblemente. En cambio, a nosotros, las cuitas nos hacen dar vueltas en la púrpura y nos traen traspuestos y desvelados con sus recios aguijones. ¡Y qué blando sueño les daba a ellos la tierra dura! No tenían encima artesones labrados prolijamente, sino que, durmiendo a cielo abierto, resbalaban las estrellas con callado pie y el cielo seguía su camino guiando en silencio tanta maravilla, el magnífico espectáculo nocturno. Tanto de día como de noche estaba para ellos abierta la contemplación de esa hermosísima morada y se dedicaban a ver el descenso de unas constelaciones desde lo más alto del cielo, mientras que otras ascendían de un horizonte misterioso. ¿Y cómo no complacerse discurriendo entre tantas grandes maravillas? Y vosotros, en cambio, os asustáis al menor ruido de vuestros techos, y, si algo cruje, muertos de miedo, huis corriendo en medio de vuestras pinturas. No tenían ellos palacios de tamaños parecidos a ciudades. El aura respirando mansamente, libre bajo el cielo abierto, y la delgada sombra de una peña o de un árbol, las transparentes fuentes frías y los arroyos no modificados por la mano de hombre ni por conducciones ni por camino alguno obligado, sino rodando a placer, y los prados hermosos sin afeite; y, en medio de todo ello, una estancia agreste aderezada por una mano rústica: eso era una vivienda según la naturaleza, en la cual era una delicia habitar, sin temerla a ella ni temer por ella. Ahora una gran parte de nuestros temores nos son causados por nuestras casas. Mas, aun cuando fuese noble su vida y sin engaño, con todo ellos no fueron sabios, pues ese título está reservado para la obra perfecta.

No obstante, no negaré que fueron hombres de espíritu generoso y, por decirlo así, recién salidos de las manos de los dioses. No dudo de que el mundo, aún no cansado, producía seres mejores. Así como la disposición de cada cual era más recia y estaba mejor preparada para los trabajos, por lo mismo no tenían todos un talento consumado. La naturaleza no da la virtud; hacerse bueno es obra del arte. No buscaban ellos oro, ni plata, ni piedras relucientes en las fangosas entrañas de la tierra; e incluso perdonaban la vida de los mudos animales; tan lejos estaban de que un hombre matase a otro hombre sin ira, sin miedo, solo por el espectáculo. No tenían aún sus ropajes; todavía el oro no se hilaba, ni siquiera se extraía de la rica vena. ¿Y entonces qué? Eran inocentes por ignorancia; y hay mucha diferencia entre que uno no quiera pecar o no sepa pecar. Les faltaba la justicia, les faltaba la prudencia; les faltaba la templanza y la fortaleza. Algunos barruntos de esas virtudes tenía aquella vida elemental, mas la auténtica virtud solo adviene a un alma instruida y adoctrinada y conducida a la perfección por una práctica constante. Para eso nacemos sin duda, pero sin esto, y aun en los mejores dotados, antes de que les enseñes, existe la materia de la virtud, pero no la virtud misma. Ten salud.

Índice